RESISTANCE BAND WORKBOOK

阻力带训练指南

[美] 卡尔·克诺夫（Karl Knopf） 著

李汶璟 译

人民邮电出版社

北京

图书在版编目（ＣＩＰ）数据

阻力带训练指南 ／ （美）卡尔·克诺夫
(Karl Knopf) 著 ；李汶璟译. -- 北京 ：人民邮电出版
社，2018.9
ISBN 978-7-115-48779-7

Ⅰ. ①阻… Ⅱ. ①卡… ②李… Ⅲ. ①力量训练—指
南 Ⅳ. ①G808.14

中国版本图书馆CIP数据核字(2018)第177985号

版权声明

免责声明

本书内容旨在为大众提供有用的信息。所有材料（包括文本、图形和图像）仅供参考，不能用于对特定疾病或症状的医疗诊断、建议或治疗。所有读者在针对任何一般性或特定的健康问题开始某项锻炼之前，均应向专业的医疗保健机构或医生进行咨询。作者和出版商都已尽可能确保本书技术上的准确性以及合理性，且并不特别推崇任何治疗方法、方案、建议或本书中的其他信息，并特别声明，不会承担由于使用本出版物中的材料而遭受的任何损伤所直接或间接产生的与个人或团体相关的一切责任、损失或风险。

内 容 提 要

本书首先介绍了阻力带的作用原理和选择方法，并讲解了制订阻力带训练计划的方法。接着，本书提供了针对不同锻炼水平、运动专项、常见疼痛及损伤的24套训练方案。此外，本书通过400余幅真人示范图，分步骤详解了上肢训练、下肢训练、核心训练、一端固定训练、与其他小器械的组合训练、热身和拉伸训练等7个训练项目、73个动作练习的执行步骤和动作要点。无论是何种训练水平的锻炼者，都可通过学习本书的内容，强化肌肉力量，实现运动损伤的有效预防、缓解和安全恢复，提升身体素质，获得良好运动表现。

◆ 著 ［美］卡尔·克诺夫（Karl Knopf）

译 李汶璟

责任编辑 刘 蕊

责任印制 周昇亮

◆ 人民邮电出版社出版发行 北京市丰台区成寿寺路 11 号
邮编 100164 电子邮件 315@ptpress.com.cn
网址 http://www.ptpress.com.cn

大厂聚鑫印刷有限责任公司印刷

◆ 开本：700×1000 1/16

印张：7 2018 年 9 月第 1 版

字数：124 千字 2018 年 9 月河北第 1 次印刷

著作权合同登记号 图字：01-2017-6268 号

定价：49.80 元

读者服务热线：(010)81055296 印装质量热线：(010)81055316
反盗版热线：(010)81055315
广告经营许可证：京东工商广登字 20170147 号

目录

第一部分

综述

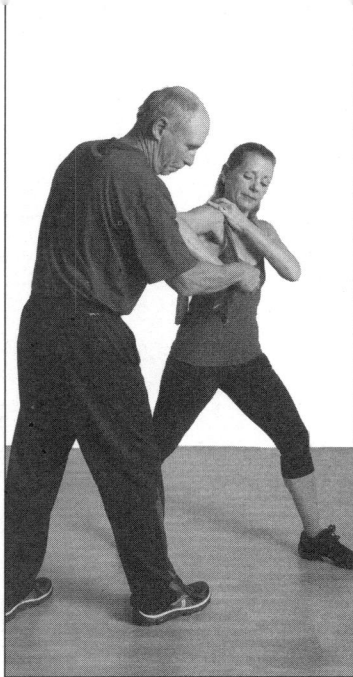

前言

欢迎来到阻力带的世界!2011年的《IDEA个人训练设备趋势报告》指出,阻力带和瑞士球是该年度最受欢迎的运动器材。阻力带受欢迎是因为它们重量轻、易于携带,这意味着人们可以在旅行时使用它们。很多教练和治疗师喜欢阻力带是因为它们可以帮助练习者对所有训练进行功能性应用改编。

这些乳胶训练设备从20世纪70年代就已经存在,如今它们已经是大部分运动爱好者的主要设备。阻力带最初被用于低强度抗阻训练来帮助患者进行康复训练。现在阻力带有了各种形状和不同阻力,各个年龄和不同健康水平的人都能使用。

本书的特点是大部分的运动都是用一根阻力带完成的。无论你是想增强体质,提升运动表现,还是简单地提高功能性体能,本书都会为你的锻炼增加一个新的维度——无论你的经验水平如何,都要进行抗阻训练。

什么是抗阻训练

你可能对"力量训练"这个术语很熟悉。你可能也知道——甚至进行过举重训练、负重训练、抗阻训练或者渐进性抗阻训练。简言之，这些术语在公众使用时是可替换的，它们用来描述利用阻力给肌肉造成负荷或压力以锻炼肌肉或者增强肌肉耐力的行为。

力量训练可以有多种形式，从抬起自己的身体对抗重力到使用重物或者阻力带来刺激肌肉。什么形状或形式的阻力并不重要，因为你的最终目标是增加力量、肌肉体积、肌肉耐力或爆发力。

通常认为增强力量的最好方法是渐进式抗阻训练。在这种训练中，人们进行一种缓慢而逐渐使肌肉超负荷的运动。当肌肉适应了一种负荷或阻力并且抗阻变得容易时，人们可以增加阻力或负荷，又或者增加重复次数。一般情况下，当你能够轻松正确地进行10 ~ 15次训练时，你就需要增加训练负荷。在举重训练中你可以增加重量，而在阻力带训练中你可以进行到下一个难度的阻力带训练或者使用两根阻力带进行训练。

随着力量的增强，建议你通过增加训练组数来增加训练量。每个训练进行2 ~ 3组是理想的训练量。

为什么用
阻力带训练

阻力带的适应性和通用性使其适合所有运动水平的人——从那些正在从损伤中恢复的人到世界级运动员。此外，进行阻力带训练的美妙之处在于你不需要购买、存储沉重的设备，也不需要开车去健身房。每个能够用一件器械或者重物完成的训练都能够用一根阻力带完成。

与举重训练相比，进行阻力带训练的机会更多。阻力带分为不同的阻力等级，所以随着你变得强壮，你可以购买阻力更大的阻力带以适应你进步的力量。你可以根据训练快速，容易地通过更换阻力带以增加或者减少阻力。你可以利用不同的角度的动作来训练肌肉，也可以利用离心训练和向心训练。一个全身阻力带训练用时应该少于15分钟并且能在任何地方完成——甚至是在泳池里。

以下为使用阻力带训练的一些额外的好处。

- 增强肌肉和骨骼的力量
- 改善平衡
- 减少腰痛
- 改善血糖控制
- 改善血液循环系统
- 加速新陈代谢
- 减少关节炎疼痛

记住，仅仅进行阻力带训练不会让肌肉的体积和质量发生很大改变，但是对大多数人来说，阻力带训练已经产生了足够的效果。阻力带通用且便捷，并且它增强肌肉时造成损伤的风险小。然而，如果你的手在阻力带上的位置不对或者让阻力带控制了运动，你的训练质量可能会变差。

选择阻力带

阻力带通常由乳胶制成，并且有不同的形状和强度。你可以在大多数体育用品商店、治疗机构和网上商城购买。根据你的目标和体形选择正确的阻力带，对获得理想的结果是很关键的。最终，通过个人的反复试验，你会确定哪种形状和类型的阻力带最适合你和你的训练目标。

如今，制造商生产的阻力带能够适应各种能力水平。阻力带的颜色通常代表强度。一般情况下，浅色（例如粉色和黄色）代表低强度，绿色和红色代表中等强度，深灰色和黑色代表高强度。然而，请记住阻力带制造商之间是没有统一标准的（一个制造商的粉色阻力带可能比另一个制造商的粉色阻力带要紧），所以，选择你用的阻力带是基于使用它时的感觉而不是颜色。

阻力带主要有两种形式：带状和管状。带状阻力带最常见，并且对那些乳胶过敏的人来说可选用无乳胶型的。你可以把带状阻力带卷起来并为特定的目标切割，也可以购买预先切割好的。大多数训练可以用3～6英尺（0.9～1.8米）的带状阻力带完成，你也可以"收住"带状阻力带，使它符合你的需求。如果你之前从没用过阻力带，可以先使用带状阻力带开始训练，而后逐步进阶。

管状阻力带正在变得越来越流行，因为它更耐用而且有带垫衬的手柄。你甚至可以找到拥有可调节手柄的管状阻力带来调节阻力带长度以适应个人需求。当然，你也可以给带状阻力带配备各种各样的手柄。把带状阻力带缠绕在一小段PVC管上也能做成一个很好的手柄。有些阻力带是环状的，能缠在你的四肢上以提供额外的挑战。你也可能碰到八字形训练带、健身棒以及编织拉力绳。有些阻力带能够附加重物以增加阻力，能为训练引入额外的训练要素，例如增强控制力以及在爆发力训练中减少不必要的动量。

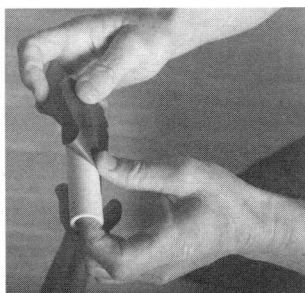

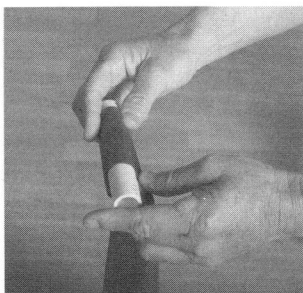

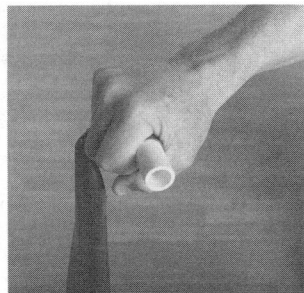

将带状阻力带缠在PVC管上

　　一般来说，这本书中的所有练习都可以用任何一种类型的阻力带来完成。然而，如果你只是寻找一个全身肌肉塑形方案，带状阻力带就很管用。可以很容易地被卷起来和携带。甚至还有更多选择，比如把带子固定在墙上、你的脚踝或者大腿上。一些制造商出售的带有支架的可变阻力带能牢固安全地固定在关闭的门上，包括三个强度等级的、配有高、低手柄的阻力带。

　　然而，两种类型的阻力带都会随着时间的流逝逐渐变质。暴露在空气中和手上的油脂中会加速这种过程。因此，定期检查你的阻力带的状态是明智的。

　　阻力带的使用是没有限制的。虽然所有这些选择都很好，但它们绝不是得到理想锻炼的关键。在你进行阻力带训练前，一定要反复检查，确定阻力带不会松。

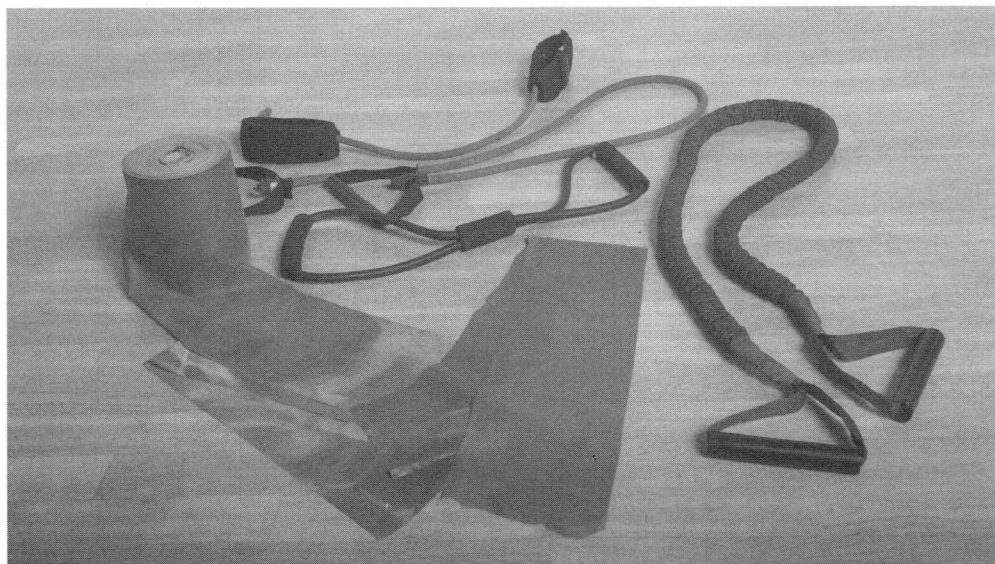

开始之前的注意事项

进行抗阻训练通常是一个变得强壮的非常安全的方式。尽管阻力带训练被认为很安全，你也要理智训练，预防损伤，避免增加关节不适以及肌肉酸痛。尽最大努力以最好的方式来执行每一次训练以避免产生任何不适，并获得最好的结果。

和任何形式的训练一样，在开始一项锻炼计划之前咨询你的健康顾问是明智的，这样可以确保锻炼计划适合你的目标和健康状况。在第二部分你会发现为特定目标而设计的示例方案。你也可以让你的健康顾问检查项目，并且针对你的情况进行特殊的调整。

每个人都可以使用阻力带。如果你有严重的关节问题，先练习1～2周不带阻力带的动作使肌肉"熟悉"和"记忆"这些动作。

如果你能够在运动的时候不增加疼痛，那么可以在方案中加入最轻的阻力带。永远记住两小时原则：运动两小时后，你不应该有加重的疼痛。尽管可能有轻微的肌肉酸痛，关节或肌肉疼痛的显著增加意味着你进行锻炼的方式或使用的阻力带的强度需要重新评估。你可能需要针对该肌肉群或者关节区域选择其他的训练。

为每个训练匹配合适的阻力带阻力是关键。大多数人都用同一个阻力带来做所有的练习，这是可以的。然而，在进行肱三头肌训练这样一根独立的训练较轻的阻力带，在进行胸前推举这样的一个复合训练时使用较重的阻力带是理想的。

完美的姿势对一个好的、安全的训练也是很重要的。坐姿状态下，坐在你的"坐骨"，即盆骨的尖端，而不是你的尾骨上，同时你的脚应该提供额外的支撑。一定要坐直——不要低头垂肩地坐。

站姿状态下，保持恰当的脊柱中立

位的姿势。从侧面看，你的耳朵应该在肩部正上方。在锻炼的最困难的部分呼气，在恢复起始状态的过程中吸气。你的体重应该均匀地分布在双脚上，并且膝关节应该微屈。你的髋关节不应该向上或向下倾斜。挺胸，不要拱背。

　　这里有10个小贴士，可以帮助你进行安全、高效的锻炼：

- 确保你的健康状况可以进行锻炼。不要产生疼痛！
- 永远要通过完整的热身运动来使身体为抗阻训练做好准备。
- 永远要用符合生物力学机制的正确的姿势来进行动作练习。不要牺牲动作姿势来粗略地重复练习。
- 不要屏住呼吸。屏住呼吸会让你的血压升高并引起头晕和其他不良后果。
- 倾听你的身体。如果你的肩部有一天困扰着你，不要做肩部训练，而是训练身体的其他部位。如果出现疼痛，停下来。如果身体在训练结束两小时后仍有疼痛，重新评估训练和阻力带的强度。

正确的坐姿（前）和站姿（后）

- 有规律——理想的目标是每周进行2～3次某种形式的力量训练。
- 在全活动度内进行训练。
- 缓慢而有控制地进行运动——肩部在髋关节上方，髋关节在脚踝上方。不要让阻力带迅速弹回。你要控制阻力带，不要让阻力带控制你。
- 定期检查阻力带。
- 训练时别紧张。后退是可以的，但不要放弃。

第二部分
方案

怎样使用这本书

这一部分的内容为许多的体育专项和骨科问题提供了锻炼方案。选择一个最适合你的需求的方案，或者使用这些示例方案作为跳板来创建你自己的方案。示例方案都是有计划的，便于你从基本的训练开始逐步进步到高阶训练。这些训练以训练的身体部位为分组依据。

在你进入抗阻训练之前，记住要通过热身运动来使身体准备好进行训练。热身运动可以包括低强度的有氧运动，这些活动可以使你计划参与训练的肌肉活跃起来。它也可以是你计划进行的训练的非常低强度的版本。最好的方法是把两者结合起来，即先做几分钟的有氧运动来激活身体，再在做更正式的训练之前进行一组低强度的练习。美国运动医学学会和美国心脏协会建议我们每周需要至少做3～5次、每次30分钟的有氧运动，以及每周2～3次的力量训练。然而你可以在任何时候做阻力带训练，很多人觉得在有氧运动之后做阻力带训练是最好的，接着再进行拉伸训练。

当你做抗阻训练时，不要为了数量而牺牲质量。以平稳和可控的方式重复每一次；在全范围活动度锻炼你的关节。一般建议用2～3秒来进行困难的（向心的）运动方向的练习，同时容易的（离心的）运动方向的练习应该用同样长的时间。底线是你要控制阻力带，不要让阻力带控制你。此外，动作不要太过缓慢或太快。还要注意，大多数练习都可以根据你的喜好用坐位或站位完成。

初学者应该选择一个能让他们至少一组练习做8次动作的阻力带，且这个阶段执行一到两周。两周后，考虑增加第二组。最好是做一组练习，休息45秒，接着做同样动作的另外一组练习。当你能够做两组，每组8次不费力的时候，增加足够的阻力，使完成6～8次动作变得比较困难。然后，回到8～15次的训练。少量地增加阻力。如果你没准备好进入下一个级别的阻力带训练，试着把两个强度较低的阻力带放在一起进行训练。记住，你越健康，与初学者相比获得收益就会越慢。记住，你不是在和任何人竞争。不要让任何人在你身上用"应该"一词。

那些处于中间水平和高阶水平的人应该选择最符合他们目标的阻力带强度。训练次数和组数也由这个决定。一般来说，以增强力量和增大肌肉体积为目标时采用少次数、高强度的训练，以增强肌肉耐力为目标时采用多次数的训练。理智训练，避免损伤。记住，让关节为运动做好准备永远是很重要的。不幸的是，水平越高，越有可能跳过关节准备活动，甚至可能会跳过最后的拉伸训练。请不要跳过这两个步骤，因为这可能会在一段时间后造成问题。

训练后进行整理活动是比较明智的。这让你的身体能够从训练中逐渐停下来——突然停下来是我们不希望看到的。请用5～15分钟拉伸参与训练的肌肉。后文中提供了一些安全有效的伸展。

阻力带和球、哑铃

在举重训练中加入阻力带会提供一种等速的阻力。保持动作流畅而不抖动，这

在一些举重训练中很常见。哑铃—阻力带系列是为那些对阻力带训练非常有经验并且希望进行挑战性训练的人提供的。最好使用可以缠绕在哑铃柄上的阻力带，而不是使用自带手柄的阻力带。一些训练者喜欢使用自带手柄的阻力带，但是你可能会发现使用可缠绕的阻力带更容易确保动作姿势标准。这种训练更加费力，所以一定要使用恰当的呼吸模式。

高阶水平训练者也可以同时进行一些使用瑞士球的训练。在球上进行动作练习的价值在于需要进一步集中注意力，并使整个身体参与到运动中。需要注意的是，在这种情况下应该使用较小的阻力。

设计一个阻力带训练计划

在你做了一段时间的示例训练之后，你可能想创建自己的阻力带训练方案，目的是在提升你的功能性目标的同时进行更有乐趣的训练。只有你知道对自己来说什么是重要的以及什么是自己所享受的。建议你每3个月更换一次方

在哑铃柄上缠绕阻力带

案，或者以不同的方式锻炼肌肉。经常锻炼过度的人往往会过度劳累，这导致了损伤和姿势失衡。你能做的一个简单的评估就是照镜子。如果你的肩膀是圆的，你就要做更多的上背部训练，等等。

阻力带训练十大原则

1. 每一次都重复进行全范围活动度的动作。
2. 有控制地做动作。
3. 保持身体恰当地对位对线。
4. 永远不要屏住呼吸。
5. 逐步增加从 8 ~ 15 的次数，并缓慢增加负荷。
6. 计划在你的方案中加入 10 个训练：4 个下半身的训练以及 6 个上半身的训练。
7. 在小肌肉群训练前先进行大肌肉群的训练。
8. 在你状况非常好之前，不要进行 30 分钟以上的力量训练。
9. 在力量训练的最开始要热身，结束后要拉伸。
10. 有规律地进行：每周至少进行 2 ~ 3 次的阻力带训练。

设计一个安全理智的力量训练方案的第一步是为你特定的健康状况和个人目标服务。要特别注意任何健康问题或疼痛的关节部位。向健康专家咨询预防措施和建议是明智的。了解剂量和反应的概念也很关键。"剂量"太多会导致不良的反应（不适和损伤），剂量太少不会产生反应，因此也没有益处。

每一次锻炼不应超过 12 个训练，并且应该让身体的所有主要肌肉参与进来。如果你选择做更多次数，那么要减少训练的数量。另一个需要考虑的事情是，例如你做了大量的步行或者骑自行车，那么把你的大部分的阻力带训练放在身体部位，而不是在训练的其他方面。任何训练计划的目的都是要有一个平衡的方案。

决定要包括哪些训练，就像选择你要用哪种葡萄酒搭配你的晚餐——这是一点科学加上一点艺术。我的建议是从一个胸部的训练开始，搭配一个上背部的训练。然后加上肱二头肌的训练（上臂前侧）搭配一个肱三头肌的训练（上臂后侧）。为你的肩部做一些事情，然后到下半身为腿前侧做一些训练，配合上腿后侧的训练。最后用核心训练结束它。超过这些的内容就是甜点。

计划做每组 8 ~ 15 次。然而，在做阻力带训练时，做得太快只是在浪费你的时间。做的次数越多，你对肌肉耐力的关注程度越高。选择一个较重的阻力带和较少的重复次数则更加强调力量和爆发力。试着每个训练至少做 2 ~ 3 组。另一个选择是只训练 30 秒，然后休息 10 秒。

当你到达一个瓶颈、不再进步的时候，这是一个通过变更训练或者次数和/或组数来调整方案的好时机。运动员甚至可以休息一周或者完全改变他们的方案。如果你感到无聊，改变你的训练也是非常好的（例如，把胸部训练换成另一个训练）。你的锻炼计划是一份活的文件，每 3 ~ 4 个月需要调整一次。

一级：新手入门

这个方案旨在让你和你的身体熟悉阻力带训练。虽然它看起来很基础，但是很全面，涉及身体的主要肌肉群，并且可能成为一个主要的方案。注意留心完美的动作、恰当的身体力学和正确的呼吸。

一级：新手入门				

至少热身10分钟。请参阅第103 ~ 110页的有关建议。

训练	页码	组数	次数	间歇
下拉	43	1	8 ~ 15	30 ~ 45秒
水平胸前推	46	1	8 ~ 15	30 ~ 45秒
反向飞鸟	45	1	8 ~ 15	30 ~ 45秒
前平举	48	1	8 ~ 15	30 ~ 45秒
水平肱三头肌后伸训练	58	1	8 ~ 15	30 ~ 45秒
肱二头肌弯举	63	1	8 ~ 15	30 ~ 45秒
踩油门式	68	1	8 ~ 15	30 ~ 45秒
腿部推举	69	1	8 ~ 15	30 ~ 45秒

二级：变得强壮

这个方案是一个绝佳的、在短时间内加强巩固整个身体的方法。增加次数和阻力等级会使你永远保持强健。

二级：变得强壮				
至少热身10分钟。请参阅第103 ~ 110页的有关建议。				
训练	页码	组数	次数	间歇
长腿坐位划船式	53	2	6 ~ 8	30 ~ 45秒
肩部推举	50	2	6 ~ 8	30 ~ 45秒
肱二头肌弯举	63	2	6 ~ 8	30 ~ 45秒
垂直肱三头肌后伸训练	57	2	6 ~ 8	30 ~ 45秒
推长号式	61	2	6 ~ 8	30 ~ 45秒
蹲坐	70	2	6 ~ 8	30 ~ 45秒
前弓箭步	72	2	6 ~ 8	30 ~ 45秒
反向砍木式	79	2	6 ~ 8	30 ~ 45秒

三级：高阶

这个方案是为那些有时间专注于把他们的锻炼提升到另一个水平的人而设计的。从这里列出的方案开始。随着你力量和能力的进步，把一个阻力带系在你的力量训练设备（例如哑铃或健身棒）上，来进行双重阻力训练。做哑铃–阻力带训练是一个额外的挑战，也很有趣。同样，这只是提供给超高阶训练者的，在你能熟练执行练习之前，应该请同伴从旁保护。确保你的力量能够支撑自身重力及额外的负荷。

三级：高阶

至少热身10分钟。请参阅第103 ~ 110页的有关建议。

训练	页码	组数	次数	间歇
斜向胸前推	47	3	8 ~ 15	30 ~ 45秒
飞鸟	44	3	8 ~ 15	30 ~ 45秒
侧平举	49	3	8 ~ 15	30 ~ 45秒
直立划船式	54	3	8 ~ 15	30 ~ 45秒
肩部推举	50	3	8 ~ 15	30 ~ 45秒
球上胸前推	94	3	8 ~ 15	30 ~ 45秒
肱二头肌弯举	63	3	8 ~ 15	30 ~ 45秒
反向弯举	64	3	8 ~ 15	30 ~ 45秒
俯卧撑	83	3	8 ~ 15	30 ~ 45秒
拉割草机式	60	3	8 ~ 15	30 ~ 45秒
腿部外展	89	3	8 ~ 15	30 ~ 45秒
腿部内收	90	3	8 ~ 15	30 ~ 45秒
半仰卧起坐	78	3	8 ~ 15	30 ~ 45秒

超级随心

这个锻炼非常适合那些渴望把他们的健康等级推到另一个高度的人们。如果你有任何健康问题或者害怕一点点的疼痛和不适，不要进行这个锻炼。这个方案不要打算每周做一次以上。

超级随心				
至少热身10分钟。请参阅第103 ~ 110页的有关建议。				
训练	页码	组数	次数	间歇
蹲坐	70	3	8 ~ 15	30 ~ 60秒
蹲坐拖脚走	71	3	8 ~ 15	30 ~ 60秒
前弓箭步	72	3	8 ~ 15	30 ~ 60秒
腿部外展	75	3	8 ~ 15	30 ~ 60秒
侧步	73	3	8 ~ 15	30 ~ 60秒
反向砍木式	79	3	8 ~ 15	30 ~ 60秒
长坐划船式	86	3	8 ~ 15	30 ~ 60秒
躯干旋转	93	3	8 ~ 15	30 ~ 60秒
凳上双臂屈伸	59	3	8 ~ 15	30 ~ 60秒
俯卧撑	83	3	8 ~ 15	30 ~ 60秒
用哑铃和阻力带的胸前推举	98	3	8 ~ 15	30 ~ 60秒
用哑铃和阻力带的胸部飞鸟	99	3	8 ~ 15	30 ~ 60秒
用哑铃和阻力带的侧平举	100	3	8 ~ 15	30 ~ 60秒
用哑铃和阻力带的前平举	101	3	8 ~ 15	30 ~ 60秒
用哑铃和阻力带的肱二头肌弯举	102	3	8 ~ 15	30 ~ 60秒

棒球/垒球

人们可以参加竞技性的棒球和垒球比赛，也可以单纯将这两项运动作为生活娱乐活动。在这两项运动中，不同位置对运动者的身体素质要求也不同任何

曾经进行过运动的人都知道肩膀的灵活性和核心力量有多么重要。这种锻炼是一种普遍的、全面的训练。

棒球/垒球

至少热身10分钟。请参阅第103 ~ 110页的有关建议。

训练	页码	组数	次数	间歇
剑士式	51	2 ~ 3	8 ~ 12	30 ~ 60秒
前臂屈曲和伸展	65	2 ~ 3	8 ~ 12	30 ~ 60秒
踩油门式	68	2 ~ 3	8 ~ 12	30 ~ 60秒
反向弯举	64	2 ~ 3	8 ~ 12	30 ~ 60秒
躯干旋转	93	2 ~ 3	8 ~ 12	30 ~ 60秒
蹲坐	70	2 ~ 3	8 ~ 12	30 ~ 60秒
蹲坐拖脚走	71	2 ~ 3	8 ~ 12	30 ~ 60秒
侧步	73	2 ~ 3	8 ~ 12	30 ~ 60秒
后屈腿	74	2 ~ 3	8 ~ 12	30 ~ 60秒
反向砍木式	79	2 ~ 3	8 ~ 12	30 ~ 60秒
肩袖－内旋	84	2 ~ 3	8 ~ 12	30 ~ 60秒
肩袖－外旋	85	2 ~ 3	8 ~ 12	30 ~ 60秒

篮球

这种爆发性的运动需要肌肉耐力、高速和弹跳力。为了避免受伤，在你的赛季之前要训练好几个星期。下面是一个通用的调整方案。

篮球

至少热身10分钟。请参阅第103～110页的有关建议。

训练	页码	组数	次数	间歇
前平举	48	2～3	10～15	15～30秒
侧平举	49	2～3	10～15	15～30秒
肩部推举	50	2～3	10～15	15～30秒
水平肱三头肌后伸训练	58	2～3	10～15	15～30秒
踩油门式	68	2～3	10～15	15～30秒
蹲坐	70	2～3	10～15	15～30秒
蹲坐拖脚走	71	2～3	10～15	15～30秒
前弓箭步	72	2～3	10～15	15～30秒
侧步	73	2～3	10～15	15～30秒
后屈腿	74	2～3	10～15	15～30秒
高位下拉	87	2～3	10～15	15～30秒
胸部飞鸟	88	2～3	10～15	15～30秒
腿部外展	89	2～3	10～15	15～30秒
腿部内收	90	2～3	10～15	15～30秒
髋关节伸展	92	2～3	10～15	15～30秒
躯干旋转	93	2～3	10～15	15～30秒
凳上双臂屈伸	59	2～3	10～15	15～30秒

自行车/脚踏车

骑自行车可以从休闲地漫游到100英里（约161千米）骑行赛。大多数人认为骑自行车是一种锻炼下肢的身体活动，但要注意你的姿势。尽管骑自行车主要是针对下肢，需要肌肉耐力和腿部力量，你的身体在车把上成弧形，你的大部分重量都放在你的手腕、手或肩膀上。通常在长途骑行之后，下背部会受伤，因此，车手需要一个稳定的核心和足够的力量来支撑上身和头部。

一个适合骑行者的健身项目，除了正确地锻炼身体的肌肉外，还应该对腿上造成不良姿势的所有肌肉进行调整。底线是通过进行多次数的训练来增加下肢的力量和耐力，同时也要调整上半身来抵消骑行造成的肌肉失衡。假设你是一个常规骑手，那么你的下半身已经处于良好的状态，所以你需要设计一个可以锻炼身体其他部位的计划。这里列出的许多练习都可以根据你的训练水平来选择站立或坐着进行。

自行车/脚踏车

至少热身10分钟。请参阅第103～110页的有关建议。

训练	页码	组数	次数	间歇
水平胸前推	46	2～3	8～15	15～30秒
肩部推举	50	2～3	8～15	15～30秒
拉弓式	56	2～3	8～15	15～30秒
前臂屈曲和伸展	65	2～3	8～15	15～30秒
手腕折叠	66	2～3	8～15	15～30秒
赛马式	67	2～3	8～15	15～30秒
耸肩式	62	2～3	8～15	15～30秒
向下剑士式	52	2～3	8～15	15～30秒
前弓箭步	72	2～3	8～15	15～30秒
长坐划船式	86	2～3	8～15	15～30秒
高位下拉	87	2～3	8～15	15～30秒
侧屈	80	2～3	8～15	15～30秒
髋关节伸展	76	2～3	8～15	15～30秒
半仰卧起坐	78	2～3	8～15	15～30秒
提升骨盆	82	2～3	8～15	15～30秒
后屈腿	91	2～3	8～15	15～30秒
*球上直立飞鸟	96	2～3	8～15	15～30秒
*球上卧推	95	2～3	8～15	15～30秒

*仅供高阶水平

保龄球

许多人不认为保龄球是一项运动，然而打保龄球时下背部、髋关节和肩部可能需要很用力。保龄球是一个单侧的活动，要求你大力地扔出一个很重的球击倒球瓶。这可能导致肌力不平衡，引起损伤。抗阻训练可以通过加强全身力量和提高柔韧性来帮助纠正这些问题。

因为保龄球是一项需要力量和爆发力的活动，你应该努力改善这两者。因此，一旦你建立了肌肉力量和耐力的基线，就要注意更快地做动作。然而，记住爆发性的动作会增加你受伤的风险，所以理智训练，不要过度。

保龄球

至少热身10分钟。请参阅第103～110页的有关建议。

训练	页码	组数	次数	间歇
下拉	43	2	8～10	30～45秒
反向飞鸟	45	2	8～10	30～45秒
长腿坐位划船式	53	2	8～10	30～45秒
打气筒式	55	2	8～10	30～45秒
拉弓式	56	2	8～10	30～45秒
前臂屈曲和伸展	65	2～3	8～10	30～45秒
反向弯举	64	2	8～10	30～45秒
赛马式	67	2	8～10	30～45秒
腿部推举	69	2	8～10	30～45秒
椅上仰卧起坐	77	2	8～10	30～45秒
耸肩式	62	2	8～10	30～45秒
蹲坐	70	2	8～10	30～45秒
反向砍木式	79	2	8～10	30～45秒
侧屈	80	2	8～10	30～45秒
提升骨盆	82	2	8～10	30～45秒

高尔夫

大多数人都在比赛高尔夫，有的人是跟其他人比赛，有的人是跟自己比赛。高尔夫是一种困难的运动，需要扭转膝和下背部。这种不对称运动有时重复多达90次，显出了一系列的问题。讽刺的是，你在运动中表现得越糟糕，你的身体就要越用力。因为你做了更多旋转——用一种不正确的生物力学模式。

高尔夫球手不需要很大的肌肉或者很多的力量，但是这项运动需要控制力量。因此，你在运动项目中应该试着重复方案中使用的动作和速度。为了你的健康，一个良好的健身计划应该锻炼到身体的所有肌肉并且保持身体的动作流畅。在你建立了力量基线之后，通过更快地做动作增加你的爆发力。然而，注意爆发式的动作可能产生损伤。这个方案提供了一般的训练，重点是腿部力量和背部保护。

高尔夫

至少热身10分钟。请参阅第103 ~ 110页的有关建议。

训练	页码	组数	次数	间歇
下拉	43	2	8 ~ 10	30 ~ 45秒
反向飞鸟	45	2	8 ~ 10	30 ~ 45秒
长腿坐位划船式	53	2	8 ~ 10	30 ~ 45秒
飞鸟	44	2	8 ~ 10	30 ~ 45秒
侧平举	49	2	8 ~ 10	30 ~ 45秒
拉割草机式	60	2 ~ 3	8 ~ 10	15 ~ 30秒
前臂屈曲和伸展	65	2 ~ 3	8 ~ 10	15 ~ 30秒
反向弯举	64	2	8 ~ 10	30 ~ 45秒
手腕折叠	66	2	8 ~ 10	30 ~ 45秒
赛马式	67	2	8 ~ 10	30 ~ 45秒
踩油门式	68	2	8 ~ 10	30 ~ 45秒
椅上仰卧起坐	77	2	8 ~ 10	30 ~ 45秒
腿部推举	69	2	8 ~ 10	30 ~ 45秒
直立划船式	54	2	8 ~ 10	30 ~ 45秒
向下剑士式	52	2	8 ~ 10	30 ~ 45秒
蹲坐	70	2	8 ~ 10	30 ~ 45秒
前弓箭步	72	2	8 ~ 10	30 ~ 45秒
反向砍木式	79	2	8 ~ 10	30 ~ 45秒
侧屈	80	2	8 ~ 10	30 ~ 45秒
*高位下拉	87	2	8 ~ 10	30 ~ 45秒
*躯干旋转	93	2	8 ~ 10	30 ~ 45秒

*仅供高阶水平

慢跑/步行/远足

步行以及慢跑都是很好的有氧运动，不幸的是，这会通过给膝关节3～5倍于体重的负荷使下肢产生压力。然而，躯干的肌肉也参与其中，所以当你设计方案的时候，在上半身的训练和下半身及背部肌肉的拉伸上多放一些注意力。

注意肌肉耐力而不是力量和爆发力。

一个给步行者/慢跑者的力量训练方案计划会以低负荷多次数为目标。这个常用训练方案关注手臂的力量和背部的保护。

慢跑/步行/远足

至少热身10分钟。请参阅第103～110页的有关建议。

训练	页码	组数	次数	间歇
下拉	43	2	8～12	20～30秒
反向飞鸟	45	2	8～12	20～30秒
水平胸前推	46	2	8～12	20～30秒
飞鸟	44	2	8～12	20～30秒
前平举	48	2	8～12	20～30秒
肩部推举	50	2	8～12	20～30秒
拉弓式	56	2	8～12	20～30秒
肱二头肌弯举	63	2	8～12	20～30秒
反向弯举	64	2	8～12	20～30秒
垂直肱三头肌后伸训练	57	2	8～12	20～30秒
椅上仰卧起坐	77	2	8～12	20～30秒
*高位下拉	87	2	8～12	20～30秒
*躯干旋转	93	2	8～12	20～30秒

*仅供高阶水平

滑雪

滑雪是一项爆发性的运动，要求你为短时间的冲刺而努力，站在旁边排队等一会儿然后再次发挥全力。你还必须对抗寒冷和高海拔。滑雪，无论是越野还是下坡，都是全身性的运动，要求好的下肢力量和耐力。不幸的是，这对肩部和膝关节可能有挑战。这个全身训练涉及肌肉爆发力和耐力。

滑雪

至少热身10分钟。请参阅第103 ~ 110页的有关建议。

训练	页码	组数	次数	间歇
前平举	48	2 ~ 3	8 ~ 15	30 ~ 45秒
侧平举	49	2 ~ 3	8 ~ 15	30 ~ 45秒
肩部推举	50	2 ~ 3	8 ~ 15	30 ~ 45秒
垂直肱三头肌后伸训练	57	2 ~ 3	8 ~ 15	30 ~ 45秒
前臂屈曲和伸展	65	2 ~ 3	8 ~ 15	15 ~ 30秒
肱二头肌弯举	63	2 ~ 3	8 ~ 15	30 ~ 45秒
踩油门式	68	2 ~ 3	8 ~ 15	30 ~ 45秒
蹲坐	70	2 ~ 3	8 ~ 15	30 ~ 45秒
蹲坐拖脚走	71	2 ~ 3	8 ~ 15	30 ~ 45秒
前弓箭步	72	2 ~ 3	8 ~ 15	30 ~ 45秒
后屈腿	74	2 ~ 3	8 ~ 15	30 ~ 45秒
髋关节伸展	76	2 ~ 3	8 ~ 15	30 ~ 45秒
躯干旋转	93	2 ~ 3	8 ~ 15	30 ~ 45秒
俯卧撑	83	2 ~ 3	8 ~ 15	30 ~ 45秒
球上卧推	95	2 ~ 3	8 ~ 15	30 ~ 45秒

游泳

　　水中训练对身体很温和，每个人都应该做。但是游泳也会带来一些问题。事实上，如果你的姿势不对，游泳会对肩膀、脖子和腰部都不好。如果不改变你的泳姿，另一个问题将会出现——你身体前侧所有的肌肉都在工作（并因此变紧）同时你的下背部会拱起。

　　游泳对加强骨骼也没什么作用。这就是为什么需要一个抗组力量训练方案。以下是针对上述问题的方案。如果你游泳游得很好，注意你的肩部，因为你可能会过度训练。当肩部需要休息时，你可能希望锻炼你的腿和躯干。另一个考虑是关注纠正性训练，例如向下剑士式、肩袖-外旋和肩袖-内旋。

游泳

至少热身10分钟。请参阅第103 ~ 110页的有关建议。

训练	页码	组数	次数	间歇
反向飞鸟	45	3	8 ~ 15	20 ~ 30秒
长腿坐位划船式	53	3	8 ~ 15	20 ~ 30秒
剑士式	51	3	8 ~ 15	20 ~ 30秒
拉弓式	56	3	8 ~ 15	20 ~ 30秒
向下剑士式	52	3	8 ~ 15	20 ~ 30秒
肩袖-内旋	84	3	8 ~ 15	20 ~ 30秒
肩袖-外旋	85	3	8 ~ 15	20 ~ 30秒
半仰卧起坐	78	3	8 ~ 15	20 ~ 30秒
提升骨盆	82	3	8 ~ 15	20 ~ 30秒
球上卧推	95	3	8 ~ 15	20 ~ 30秒
球上仰卧飞鸟	97	3	8 ~ 15	20 ~ 30秒

网球

网球是一种有趣的活动，可以在不同的级别一直玩到老。然而，网球确实会对关节产生不好的影响。接下来的方案应该给你足够的力量，让你在接下来的几年里继续打球。因为网球是一种爆发性运动，需要速度和力量的爆发性，一旦你建立一个肌肉力量和耐力的基线，你的方案应该开始关注通过更快速的运动来增长爆发力。然而，请记住，爆发性运动让你受伤的风险更大，所以应理智训练，不要过度。

网球

至少热身10分钟。请参阅第103 ~ 110页的有关建议。

训练	页码	组数	次数	间歇
反向飞鸟	45	2 ~ 3	8 ~ 12	20 ~ 30秒
前平举	48	2 ~ 3	8 ~ 12	20 ~ 30秒
剑士式	51	2 ~ 3	8 ~ 12	20 ~ 30秒
前臂屈曲和伸展	65	2 ~ 3	8 ~ 12	15 ~ 30秒
手腕折叠	66	2 ~ 3	8 ~ 12	20 ~ 30秒
赛马式	67	2 ~ 3	8 ~ 12	20 ~ 30秒
踩油门式	68	2 ~ 3	8 ~ 12	20 ~ 30秒
蹲坐拖脚走	71	2 ~ 3	8 ~ 12	20 ~ 30秒
前弓箭步	72	2 ~ 3	8 ~ 12	20 ~ 30秒
反向砍木式	79	2 ~ 3	8 ~ 12	20 ~ 30秒
侧屈	80	2 ~ 3	8 ~ 12	20 ~ 30秒
新月式	81	2 ~ 3	8 ~ 12	20 ~ 30秒
肩袖－内旋	84	2 ~ 3	8 ~ 12	20 ~ 30秒
肩袖－外旋	85	2 ~ 3	8 ~ 12	20 ~ 30秒
腿部外展	89	2 ~ 3	8 ~ 12	20 ~ 30秒
腿部内收	90	2 ~ 3	8 ~ 12	20 ~ 30秒
髋关节伸展	92	2 ~ 3	8 ~ 12	20 ~ 30秒
躯干旋转	93	2 ~ 3	8 ~ 12	20 ~ 30秒
半仰卧起坐	78	2 ~ 3	8 ~ 12	20 ~ 30秒
提升骨盆	82	2 ~ 3	8 ~ 12	20 ~ 30秒
球上直立飞鸟	96	2 ~ 3	8 ~ 12	20 ~ 30秒

关节炎

僵硬和慢性疼痛是关节炎的特征，并且"使用它或失去它"这句话真的适用于这里：如果你不活动关节，它会变得更僵、更弱。不幸的是，许多关节炎患者害怕训练会使情况更糟。因为关节炎患者开始运动会更少，肌肉变弱，这反过来会给已经受损的关节更多负荷和压力。然而，最近的研究发现患上关节炎不是不去训练的借口。更强壮的关节可以更好地支持膝盖、髋关节和其他部位。找到正确的训练方法的关键是获得正确的反馈。记住，和任何慢性疾病一样，你会有恶化的时期。这些时候可以做一些简单的训练。

当然，在开始例行训练之前，你应该经常咨询你的医生或治疗师，不过这里有一些听起来对关节炎很不错的方法。

- 始终遵循医嘱。
- 记住两小时准则：如果你训练两小时后依然比开始训练前疼痛，下次要少做一些练习。
- 在你不想运动的日子里，练习5分钟，然后重新评估你的情绪。
- 永远不要过度训练。
- 不要用药物来止疼。

关节炎				
至少热身10分钟。请参阅第103～110页的有关建议。				
训练	页码	组数	次数	间歇
下拉	43	1	6～12	30～45秒
水平胸前推	46	1	6～12	30～45秒
反向飞鸟	45	1	6～12	30～45秒
前平举	48	1	6～12	30～45秒
水平肱三头肌后伸训练	58	1	6～12	30～45秒
肱二头肌弯举	63	1	6～12	30～45秒
踩油门式	68	1	6～12	30～45秒
腿部推举	69	1	6～12	30～45秒

- 永远不要在关节肿胀或发热时训练。
- 彻底热身或者甚至在开始训练前洗个热水澡，如果需要，训练后冰敷一下有问题的关节。
- 在无痛范围内做运动。
- 避免极端的屈曲和伸展。

轻柔的伸展运动是有益的，只要你拉伸你正在使用的部分。轻度到中度力量训练方案可以防止支持关节的肌肉进一步萎缩。通常强壮的肌肉可以代偿薄弱的关节。

无论你有哪种类型的关节炎，不要给关节造成进一步的伤害，这是很关键的。这里有一个基本的方案，可以让你随着水平的提高进阶。如果出现任何训练损伤，减轻一点强度并向你的医生咨询。随着你的进步，考虑向你的医疗专业人员询问哪种额外的训练会对你有帮助。

背部疼痛

下背部疼痛是由各种各样的问题引起的，包括腹部肌肉薄弱、股后肌群和股四头肌的紧张、不恰当的身体力学、不正确的姿势、过度使用以及关节炎。背部的健康训练方案包括加强腹肌和下背部肌肉，拉伸股后肌群和下背部肌肉。学习和保持脊柱的中立位也是非常重要的。

核心训练通过加强围绕脊柱和躯干的肌肉来支撑脊柱——通常被称为"核心"。这就像建立你自己背部内部的支撑。把你的身体想象成向日葵：开发一个固体的茎来保持花直立。

合理的抗阻训练方案再加上温和的有氧运动训练方案，每日一个灵活的方案，保持理想的体重来承担关节的负荷，这将有助于获得积极的结果。然而，要小心过度训练，或者做有问题的动作，这很容易引发另外的背部疼痛。如果出现任何训练损伤，减轻强度并向你的医生咨询。

如果有下背部疼痛的问题，在训练时要记住下面这些指导方针。

- 始终遵循医嘱。

背部疼痛

至少热身10分钟。请参阅第103 ~ 110页的有关建议。

训练	页码	组数	次数	间歇
下拉	43	1	8 ~ 12	30 ~ 45秒
水平胸前推	46	1	8 ~ 12	30 ~ 45秒
肩部推举	50	1	8 ~ 12	30 ~ 45秒
水平肱三头肌后伸训练	58	1	8 ~ 12	30 ~ 45秒
肱二头肌弯举	63	1	8 ~ 12	30 ~ 45秒
高位下拉	87	1	8 ~ 12	30 ~ 45秒

- 记住两小时准则：如果你训练两小时后依然比开始训练前疼痛，下次要少做一些练习。

- 在你不想运动的日子里，练习5分钟，然后重新评估你的情绪。

- 永远不要过度训练。

- 不要用药物来止疼。

- 永远不要在关节肿胀或发热时训练。

- 彻底热身或者甚至在开始训练前洗个热水澡，如果需要，训练后冰敷一下有问题的关节。

- 在无痛范围内做运动。

- 避免极端的屈曲和伸展。

- 如果你发现你的腿部或者脚部越来越疼和/或麻木，停止训练，咨询你的健康顾问。

- 避免过头举和弯腰运动，以免给脊柱增加负荷。

髋关节问题

髋关节通常被称为人体的驮马，被设计来支撑身体的负荷，在日常的许多活动中扮演着重要的角色，从爬楼梯到步行。不幸的是，有些人过度使用髋关节或者在健身房举很大重量的器械。多年的肥胖也会导致髋关节变坏。如果你置换过髋关节，如要进行特殊训练，咨询你的健康顾问。这个方案的重点在于髋关节的灵活性和稳定性。如果你有严重的髋关节问题，首先要咨询健康顾问。这个方案被设计成预防方案，在某些情况下是纠正性的方案。

如果有髋关节问题，在锻炼时要记住下面这些指导方针。

- 避免弯曲超过90度（不要让你的膝盖离胸部太近）。
- 避免跨越身体的中线（当你的腿在另一条腿前或后摆动时）。
- 在做腿部推举和蹲下时要保持髋关节、膝盖和脚踝对位对线。
- 避免全蹲。

髋关节问题

至少热身10分钟。请参阅第103 ～ 110页的有关建议。

训练	页码	组数	次数	间歇
踩油门式	68	1 ～ 2	8 ～ 12	30 ～ 45秒
腿部推举	69	1 ～ 2	8 ～ 12	30 ～ 45秒
蹲坐	70	1 ～ 2	8 ～ 12	30 ～ 45秒
*蹲坐拖脚走	71	1 ～ 2	8 ～ 12	30 ～ 45秒
*前弓箭步	72	1 ～ 2	8 ～ 12	30 ～ 45秒
*侧步	73	1 ～ 2	8 ～ 12	30 ～ 45秒
后屈腿	74	1 ～ 2	8 ～ 12	30 ～ 45秒
侧屈	80	1 ～ 2	8 ～ 12	30 ～ 45秒
腿部外展	89	1 ～ 2	8 ～ 12	30 ～ 45秒
腿部内收	90	1 ～ 2	8 ～ 12	30 ～ 45秒
髋关节伸展	92	1 ～ 2	8 ～ 12	30 ～ 45秒

*谨慎进行

膝关节问题

你的膝关节是一个工程奇迹，但如果使用不当，它仍然会受损。膝盖的作用是伸直和弯曲；任何其他运动都使它们处于某种程度的风险之中。慢性膝盖问题可以归因于不好的解剖结构。如果你是O形腿或者X形腿，力学结构上的不利因素可能让你受伤。足部对位对线不好也可能导致膝关节问题。膝关节问题的原因有很多，范围从关节炎到误用和滥用导致的韧带撕裂。去看医生，以得到正确的诊断和纠正建议。

简单的活动，例如慢跑甚至步行，可以给膝关节增加三到五倍于体重的负荷。此外，不正确地进行足球、橄榄球运动甚至骑车带来的运动损伤也会伤到膝关节。为了减少膝关节疼痛，加强你的股四头肌，并且如果合适的话，减去多余的体重/脂肪。力量训练不应该增加疼痛或肿胀。如果你的健康状况良好，训练后可以用冰敷。

以下指南可能有用。

- 始终让膝关节和脚趾处于同一个方向。
- 避免任何使你的膝盖旋转或扭转的动作，不要在你的脚在地板上的时候扭转你的身体。

膝关节问题

至少热身10分钟。请参阅第103～110页的有关建议。

训练	页码	组数	次数	间歇
蹲坐	70	2～3	8～12	30～45秒
前弓箭步	72	2～3	8～12	30～45秒
后屈腿	74	2～3	8～12	30～45秒
提升骨盆	82	2～3	8～12	30～45秒

- 永远不要把膝关节伸得太直，那样会使腿部过伸。
- 避免大腿拉伸导致的膝关节过度屈曲。强迫膝关节过度弯曲会过度拉伸膝关节韧带，会使关节不稳定。
- 避免膝关节大幅屈曲/全蹲，确保你不会蹲得低过大腿与地面平行的点。
- 永远记住：拉伸时保持你的膝盖"柔软"（即微微弯曲）。
- 不要让膝关节超过脚趾。
- 永远不要超过你的安全的活动度。
- 如果你在锻炼时被告知要戴上支撑物，一定要遵循所有的建议。
- 做腿部拉伸训练时要小心。
- 计划两到三组，每组8～12次，但是听听你的身体的声音，这样你就不会加重任何问题。

骨质疏松

骨质疏松是一种无声的疾病，第一个迹象往往是骨折。快速转动会使髋关节骨折；简单的摔倒都会导致手腕骨折，甚至更糟，髋部骨折。这种现象涉及所有年龄层。男性和女性都需要意识到骨质疏松是一种始于童年的疾病，但却会在老年时才表现出来。在诊断出骨质疏松时，除了忍受弯腰驼背的姿势和慢性背部疼痛的影响，通常做其他的事情已经太迟了。医学界可以提供药物治疗，但是预防是最好的治疗方法。

幸运的是，骨质疏松并非不可避免。积极主动永远不会太晚。在医生的帮助下，改变你的生活方式和合理、适当的负重训练方案会对你的骨头有好处，因为你的骨头每天都在重塑自我。研究表明，当肌肉变得更强壮时，骨头也会变得更强壮。同样，当你变得更强，希望你能够强壮到足以保持平衡而不会摔倒（跌倒是年纪大的人最后会进医院的主要原因，并且他们会因受伤而死亡）。如果你只有骨质疏松症（早期骨质疏松），现在开始力量训练可以防止你发展成完全的骨质疏松。什么时候开始都不会太晚——你今天现在的锻炼会对今后的生活大有益处。

如果你有骨质疏松症，力量训练的好处有：

- 改善平衡和步态，防止跌倒。
- 提高柔韧性，使你有更流畅的步态来防止跌倒。
- 逆转肌肉萎缩，可预防跌倒。
- 骨头上的好的压力会刺激骨骼的增厚，增加骨骼的密度。

这里有一些指导方针，在训练时要记住：

- 向前弯曲或扭转时要小心。
- 过头举时要小心。
- 时刻注意保持正确的姿势。

这个基本的开始方案应该配合步行方案。

骨质疏松

至少热身10分钟。开始时要轻松小负荷，过程中要小心。请参阅第103～110页的有关建议。

训练	页码	组数	次数	间歇
反向飞鸟	45	1～2	8～15	30～45秒
水平胸前推	46	1～2	8～15	30～45秒
拉弓式	56	1～2	8～15	30～45秒
水平肱三头肌后伸训练	58	1～2	8～15	30～45秒
腿部推举	69	1～2	8～15	30～45秒
前弓箭步	72	1～2	8～15	30～45秒

肩部问题

肩部的设计很了不起，允许棒球投手完成快速有力的投球，也允许一个人摇着婴儿入睡。肩部有一个球窝关节，得到肌肉、韧带和肌腱的支持。你越活跃，你的肩部受伤的风险就越大。肩部问题可能是很多事情导致的，包括滑囊炎、肌腱炎，也可能出于未知的原因。

不管什么原因，你的健康顾问给你的纠正训练会是一样的。通常给肩部问题患者的建议是拉伸紧张的部位、加强薄弱的部位。但是让医生为你提供正确的诊断，并让物理治疗师给你一个特定的纠正性训练，仍然是明智的。

以下是针对肩部问题进行训练时的一些指导方针：

- 避免过头的手臂训练或者任何增加疼痛和/或限制活动度的活动。
- 在进行肩部关节活动时，要准确地按指示进行。
- 力量训练不应该增加疼痛。如果你的健康状况良好，训练后可以用冰敷。
- 参与肩膀和胸部的灵活性训练。
- 当做前举或者侧举时，手不要超过肩部。
- 一定要控制任何使你的手臂高于肩高的动作。
- 放松肩部，当做手臂训练时不要耸肩。
- 试着让你的肩胛骨在手臂移动时随之一起运动。
- 如果你的肩部很紧，不要通过拱起背来顺利进行训练。
- 经常伸展你的胸部和肩膀。

肩部问题

至少热身10分钟。请参阅第103 ~ 110页的有关建议。

训练	页码	组数	次数	间歇
反向飞鸟	45	1 ~ 2	5 ~ 7	30 ~ 45秒
长腿坐位划船式	53	1 ~ 2	5 ~ 7	30 ~ 45秒
剑士式	51	1 ~ 2	5 ~ 7	30 ~ 45秒
拉弓式	56	1 ~ 2	5 ~ 7	30 ~ 45秒
耸肩式	62	1 ~ 2	5 ~ 7	30 ~ 45秒
向下剑士式	52	1 ~ 2	5 ~ 7	30 ~ 45秒
肩袖－内旋	84	1 ~ 2	5 ~ 7	30 ~ 45秒
肩袖－外旋	85	1 ~ 2	5 ~ 7	30 ~ 45秒
高位下拉	87	1 ~ 2	5 ~ 7	30 ~ 45秒

手腕问题

随着人们花大量时间发短信和使用计算机，腕关节疼痛逐渐变得越来越普遍。一般手腕和前臂训练会对缓解腕关节疼痛有帮助。如果训练会加重你的症状，要立即停止。

手腕问题				
至少热身10分钟。请参阅第103 ~ 110页的有关建议。				
训练	页码	组数	次数	间歇
前臂屈曲和伸展	65	2 ~ 3	8 ~ 15	15 ~ 30秒
手腕折叠	66	1 ~ 2	8 ~ 15	30 ~ 45秒
赛马式	67	1 ~ 2	8 ~ 15	30 ~ 45秒

糖尿病

糖尿病有两种常见类型：青少年糖尿病（1型糖尿病）、成人糖尿病（2型糖尿病）。当一个人患上糖尿病，人体不能提供足够的胰岛素来帮助代谢血液中的糖量。常规训练和健康的饮食习惯会帮助糖尿病患者稳定状况。患糖尿病或者有发展成糖尿病的风险不是不训练的借口，反而是去训练的原因。和其他慢性疾病一样，在开始一个训练方案之前向你的健康顾问咨询特别的建议和预防措施。

以下是一些有用的指南：

- 避免那些对你的脚有压力的活动。

- 当糖尿病患者训练时，从适度训练到间歇，延长热身和整理的时间是很重要的。
- 避免重的剧烈的训练。
- 以一个让你能够掌握的速度训练。
- 注意你的胰岛素和血糖水平。
- 如果你注射胰岛素，注意注射的地方以及你计划使用哪些肌肉。当你锻炼时，与你的健康顾问讨论适当的注射部位。一般的建议是不要给你当天要锻炼的地方注射。
- 如果你有视网膜问题，在开始之前和眼科医生谈谈。

糖尿病

至少热身10分钟。请参阅第103 ~ 110页的有关建议。

训练	页码	组数	次数	间歇
水平胸前推	46	1 ~ 2	8 ~ 15	30 ~ 45秒
拉弓式	56	1 ~ 2	8 ~ 15	30 ~ 45秒
踩油门式	68	1 ~ 2	8 ~ 15	30 ~ 45秒
腿部推举	69	1 ~ 2	8 ~ 15	30 ~ 45秒
前平举	48	1 ~ 2	8 ~ 15	30 ~ 45秒
耸肩式	62	1 ~ 2	8 ~ 15	30 ~ 45秒
肱二头肌弯举	63	1 ~ 2	8 ~ 15	30 ~ 45秒
垂直肱三头肌后伸训练	57	1 ~ 2	8 ~ 15	30 ~ 45秒

高血压

血压随时间波动并且受到各种各样的影响，从压力和环境刺激到体力活动。高血压是中风、心脏病和一些其他健康问题的主要危险因素。许多研究表明，有氧训练对降低血压有积极的影响。注意，如果你选择大强度力量训练，可能会让你的血压提到危险水平。在开始之前询问你的医生是否能用抗阻训练是明智的。

下面是一些安全锻炼的指导原则：

- 强调肌肉耐力高于力量和爆发力。我们的目标应该是用较轻的负荷来完成更高的数量。
- 如果你的血压高于160/90毫米汞柱（1毫米汞柱 ≈ 0.133千帕），在进行阻力训练前与你的医生进行确认。
- 小心过头的运动。
- 总要留出适当的热身和放松时间。有血管问题（包括高血压或者低血压）的人如果开始时负荷太大并且突然停止锻炼会有问题。要警惕血压药在姿势变化时会导致血压的突然下降，例如起床太猛。
- 训练时不要屏住呼吸。
- 询问医生你服用的药物对训练有什么影响。
- 如果你在锻炼时不能吹口哨，那你的锻炼负荷就太大了。

高血压

至少热身10分钟。请参阅第103 ~ 110页的有关建议。对于这种普通的锻炼，一定要使用轻阻力带。

训练	页码	组数	次数	间歇
反向飞鸟	45	1 ~ 2	8 ~ 15	30 ~ 45秒
水平胸前推	46	1 ~ 2	8 ~ 15	30 ~ 45秒
拉弓式	56	1 ~ 2	8 ~ 15	30 ~ 45秒
踩油门式	68	1 ~ 2	8 ~ 15	30 ~ 45秒
腿部推举	69	1 ~ 2	8 ~ 15	30 ~ 45秒

呼吸疾病

慢性阻塞性肺疾病（COPD）是一种肺部的渐进性疾病，特点是肺泡的破坏、黏液分泌物的滞留等。常见的呼吸疾病包括支气管炎、哮喘、肺气肿和某些过敏——所有这些都使得呼吸困难。经常看到有COPD的人没有参与太多活动。然而，研究表明，一个缓慢的、循序渐进的整体健身计划通常会导致更好的有氧适能，从而提高生活质量。

综合的COPD方案应该改善通气功能、改善呼吸肌力量和耐力、保持和改善胸部和背部的灵活性、提高腿部力量，使日常生活更容易并教授有效的呼吸模式。强烈建议你的方案应该由保健专家根据你的健康问题量身定制。

这里有一些舒适训练的窍门：

- 在你柔和的力量训练方案之中包含几个间歇。

- 开始时要非常、非常缓慢。避免呼吸困难。

- 不要过分伸展自己。最好做1 ~ 2分钟的训练，休息，等准备好了之后再重复一轮训练。可能的话，以逐步上升到10 ~ 15分钟不停歇的训练为目标。

- 和你的医疗服务人员学习如何做"噘嘴式呼吸"并遵循他们的建议。如果你使用吸入器，向你的医生咨询关于锻炼和设备的使用情况。

- 向你的医生咨询你训练时是否应该监控氧气含量。

呼吸疾病

至少热身10分钟。请参阅第103 ~ 110页的有关建议。

训练	页码	组数	次数	间歇
长腿坐位划船式	53	1	8 ~ 15	30 ~ 45秒
肩部推举	50	1	8 ~ 15	30 ~ 45秒
肱二头肌弯举	63	1	8 ~ 15	30 ~ 45秒
垂直肱三头肌后伸训练	57	1	8 ~ 15	30 ~ 45秒
蹲坐	70	1	8 ~ 15	30 ~ 45秒
前弓箭步	72	1	8 ~ 15	30 ~ 45秒

肌肉减少症

肌肉减少症是与年龄相关的肌肉减少，肌肉通常随着我们年龄的增加而减少。肌肉是加速新陈代谢的熔炉。随着年龄的增长，我们常常发现做一些简单的日常活动会让我们感到疲惫。干预是每日的抗阻训练。研究表明，即使是80岁和90岁的人也可以提高力量。下面的方案是一个很好的开始。它很简单，应该只需要5分钟就可以完成。

肌肉减少症

至少热身10分钟。请参阅第103～110页的有关建议。

训练	页码	组数	次数	间歇
下拉	43	1	8～15	30～45秒
水平胸前推	46	1	8～15	30～45秒
水平肱三头肌后伸训练	58	1	8～15	30～45秒
踩油门式	68	1	8～15	30～45秒
腿部推举	69	1	8～15	30～45秒

第三部分

训练

1 以恰当的姿势坐好或站好，两手在一个可以提供所需的阻力的足够宽的位置抓住阻力带。把你的手臂举过头顶，稍微向前倾斜。

2 保持手腕在中立位（不要屈腕），头部和下背部保持恰当的姿势，慢慢地把阻力带两端向下拉，直到你的手达到肩部高度。停留。

慢慢回到起始位置。

变化为单侧手臂
这个训练也可以一次只练一侧手臂。左右两臂交替。

1 以恰当的姿势坐好或站好，把阻力带放在背部中上部。手在肩前抓住阻力带，并把手臂向两侧打开。

2 保持手腕在中立位（不要屈腕），头部和上背部为保持恰当的姿势，两手慢慢向前移到肩部前方。

保持手臂张力，慢慢回到起始位置。

变化到倾斜

手臂向两侧打开前，向前上方45°推阻力带两端。

1 以恰当的姿势坐好或站好，两手在胸前握住阻力带。双臂在身前伸直。调整你的抓握，直到获得想要的阻力。

2 保持双臂平行于地面，手腕在中立位（不要屈腕），头部和上背部保持恰当的姿势，慢慢向两侧打开双臂。

慢慢回到起始位置。

1 以恰当的姿势坐好或站好，把阻力带放在背部中上部。两手在肩前握住阻力带，调整位置直至产生足够的阻力。

2 保持手腕在中立位（不要屈腕），头部和上背部保持恰当的姿势，慢慢将阻力带两端向前推。当手臂在身前伸直时停住。

慢慢回到起始位置。

变化为单侧手臂
这个训练也可以每次只练一侧手臂。左右两臂交替。

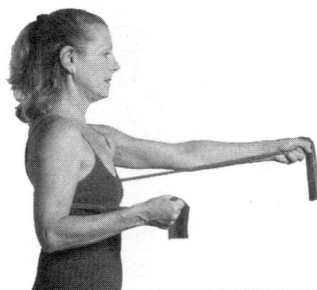

斜向胸前推

目标：上胸部

1 以恰当的姿势坐好或站好，把阻力带放在背部的中上部。两手在肩前握住阻力带，产生足够的阻力。

2 保持手腕在中立位（不要屈腕），头部和上背部保持恰当的姿势，慢慢向前上方45°推阻力带两端。手臂在身前伸直时停住。

慢慢回到起始位置。

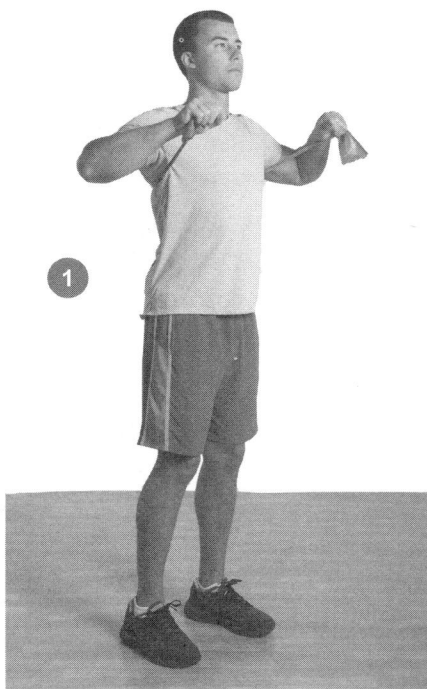

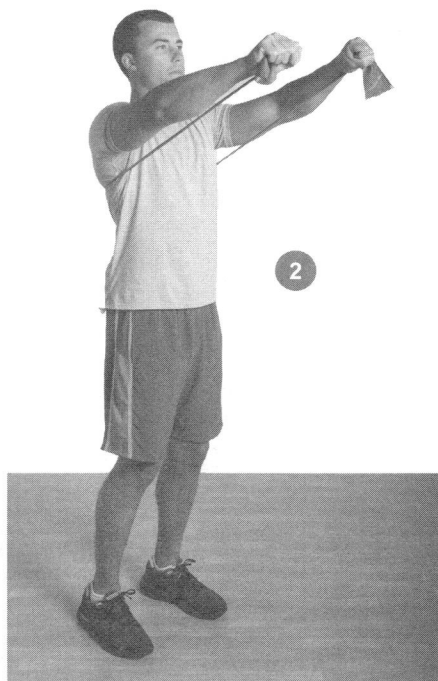

1 坐或者站在阻力带中间，两手握住阻力带。将手臂放在身体旁边，手掌面向大腿。调整对阻力带的抓握，直到获得想要的阻力。

2 保持手臂伸直，慢慢向前伸直手臂，但不要高于肩部。慢慢回到起始位置。

变化为单侧手臂

这个训练也可以每次只练一侧手臂。左右两臂交替。

侧平举　　　　　　　　　　　　　　　　　　　　　　　目标：肩部

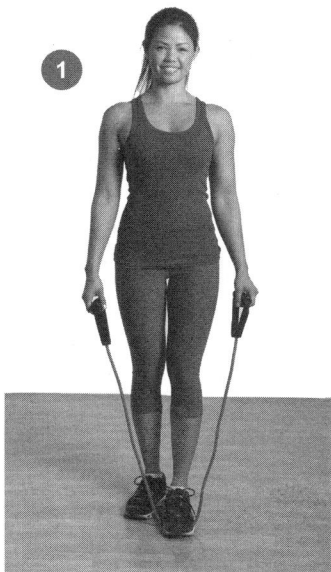

1 坐或者站在阻力带中间，两手握住阻力带。将你的手臂放在身体两侧，手心面向身体。调整你对阻力带的抓握，直到获得想要的阻力。

2 保持手臂伸直，慢慢向两侧抬起手臂，但不要高于肩部。

慢慢回到起始位置。

变化为单侧手臂

这个训练也可以每次只练一侧手臂。左右两臂交替。

可以在坐在椅子上或站立时进行。

注意：如果你有肩部方面的病史，不要进行这个训练。

1 以恰当的姿势坐好或站好，把阻力带放在背部的中上部、腋窝下面。调整你对阻力带的抓握，直到获得想要的阻力。

2 保持手腕在中立位（不要屈腕），头部和上背部保持恰当的姿势，慢慢向天花板方向推举阻力带两端。手臂在身前伸直时停住。

慢慢回到起始位置。

变化为单侧手臂

这个训练也可以每次只练一侧手臂。左右两臂交替。

变化：如果你有肩部问题，你可以轻轻向前推阻力带，以减轻肩关节的压力。

变化（如图）：你也可以坐或者站在阻力带中间，双手各拿着阻力带一端，上拉到肩部高度。

剑士式

目标：肩后部、肩袖

1 坐或者站直，用左手在左侧臀部外侧抓住阻力带一端，接着用右手握住阻力带，调整位置，直到获得想要的阻力。

2 保持右侧手臂伸直，横过身体慢慢向对角线方向拉阻力带，就像从鞘里拔出一把剑。

慢慢回到起始位置并重复，接着换一侧练习。

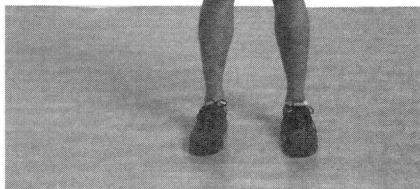

1 以恰当的姿势坐好或站好，左手在微高于头部的地方握住阻力带一端。调整右手对阻力带的抓握，直到获得想要的阻力。

2 慢慢让右手向着右侧髋关节的方向斜着拉阻力带。

慢慢回到起始位置并重复，接着换一侧练习。

长腿坐位划船式

目标：肱二头肌、上背部

1 坐在地板上，把阻力带绕过脚部，在身前伸直双腿。两手在能够提供足够阻力的地方握住阻力带。

2 保持手腕在中立位（不要屈腕），并且头部和上背部保持恰当的姿势。慢慢向着胸部拉阻力带两端。在阻力带靠近胸部时停住。

慢慢回到起始位置。

变化为单侧手臂

这个可以坐在椅子上完成。当你把阻力带绕过双脚/一只脚后，腿向前伸直。

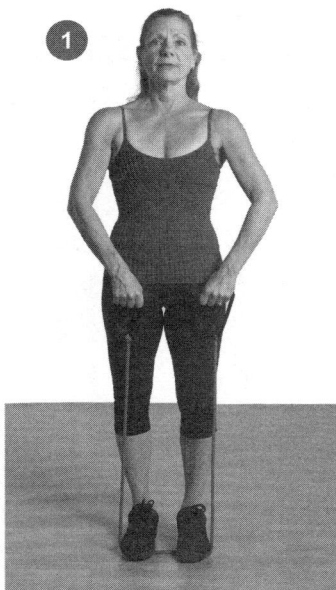

如果你有肩膀方面的问题，小心地从一个小范围活动开始，并且用一个阻力较小的阻力带。

1 站在阻力带中间，两手握住阻力带两端，膝关节微微弯曲。两手应该在髋关节前方，手心朝向躯干。调整你对阻力带的抓握，直到有你想要的阻力。

2 把阻力带拉向你的下颌，双臂肘部向两侧打开。

慢慢回到起始位置。

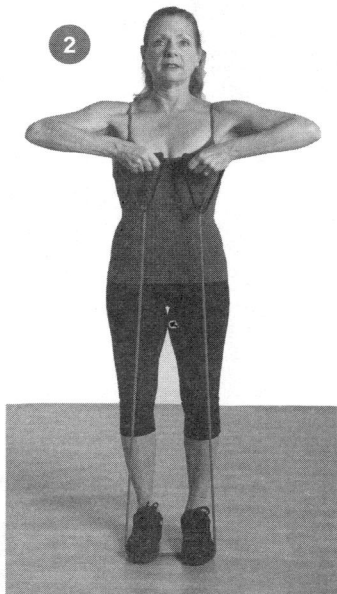

变化为单侧手臂

这个训练也可以一次只练一侧手臂（如果你的阻力带比较短，这可能是唯一的选择）。左右两臂交替。

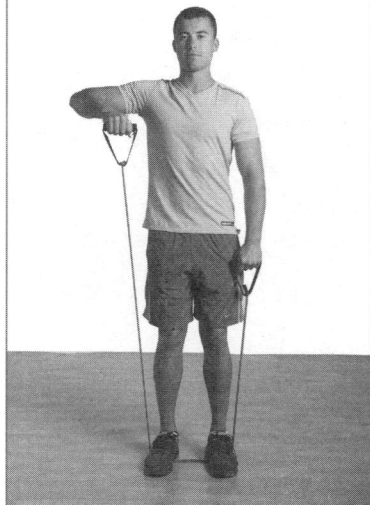

打气筒式   目标：肱三头肌

1 以恰当的姿势站直。把阻力带放在右肩上并用左手固定。调整右手对阻力带的抓握，直到获得想要的阻力。当阻力带放好时，稍微倾斜一点，就好像在往下推打气筒。

2 慢慢把右手臂向下推。

慢慢回到起始位置并重复，接着换另一侧练习。

1 以恰当的姿势坐好或站好，左手握住阻力带一端并且左臂向外侧伸直，右手在左臂肘关节或者肩关节附近抓住阻力带调整位置，直到获得想要的阻力。

2 右手臂横过胸部拉阻力带，把肘部拽向右侧。

慢慢回到起始位置并重复，接着换另一侧手臂练习。

垂直肱三头肌后伸训练　　　　　　　　目标：肱三头肌

1 以恰当的姿势站直。把阻力带放在右肩上，并把左手放在阻力带的上方固定阻力带。右肘大约屈曲至90°并放在肋骨旁。调整右手抓握，直到获得理想的阻力。

2 不要用冲力，慢慢伸直右手臂并保持1～2秒。

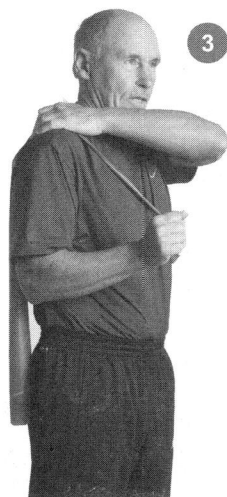

3 慢慢让手臂回到90°的位置上。

重复，接着换另一侧手臂练习。

水平肱三头肌后伸训练

目标：肱三头肌

1 以恰当的姿势坐好或站好。两手在胸部高度、大约与肩同宽的位置抓住阻力带。向外抬起两肘，保持双臂平行于地面。

2 保持右手的位置不变，慢慢向外伸直左手臂。

慢慢回到起始位置并重复，接着换另一侧手臂练习。

变化为双侧手臂

两侧手臂同时完成这个动作。

凳上双臂屈伸

目标：肩后部、肱三头肌

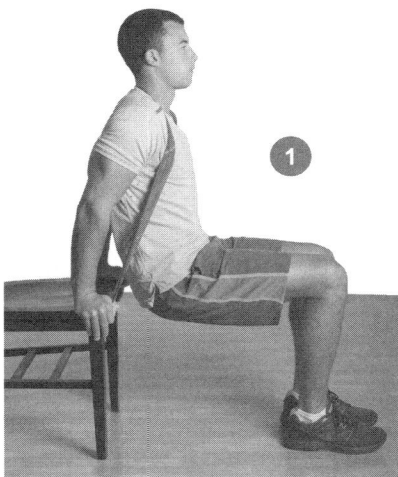

1 双脚踩在地上，坐在椅子的边缘。把阻力带放到肩部上方、颈部后面。两手固定住阻力带，把你的手掌放在椅子上，手指轻轻离开椅子。把你的臀部从椅子上滑下来。

2 在舒适的范围内尽可能低地降低你的身体。

3 伸直手臂，撑高身体。

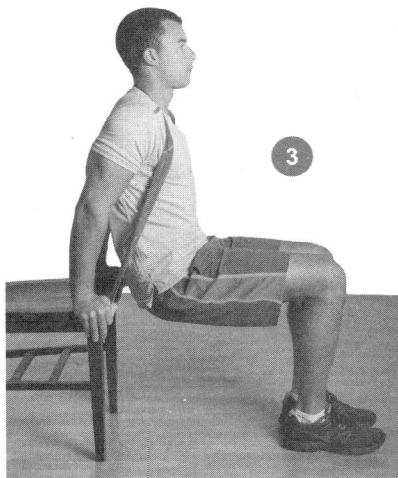

1 用左脚踩住阻力带，略微倾身，就像拉割草机的绳子，接着调整右手对阻力带的抓握，直到获得想要的阻力。

2 向上向后拉阻力带。

慢慢回到起始位置并重复，接着换另一侧进行练习。

推长号式

1 以恰当的姿势坐好或站好，右手在靠近嘴的位置握住阻力带一端。左手在能提供足够阻力的位置抓住阻力带。

2 将阻力带向前推，就好像在推动长号。

慢慢回到起始位置并重复，接着换另一侧手臂练习。

耸肩式

①

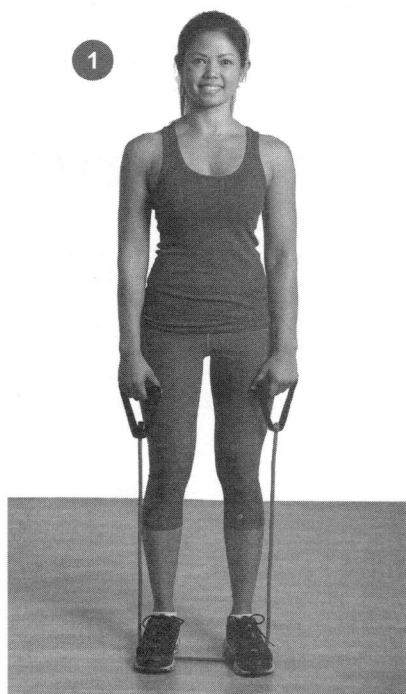

1 站在阻力带中间，两手握住阻力带两端，膝关节微屈。手在髋关节前方，手心朝向身体。调整对阻力带的抓握，直到获得满足要求的阻力。

2 保持手臂伸直，慢慢耸起你的肩部。在顶端保持 1 ～ 2 秒。

慢慢回到起始位置。

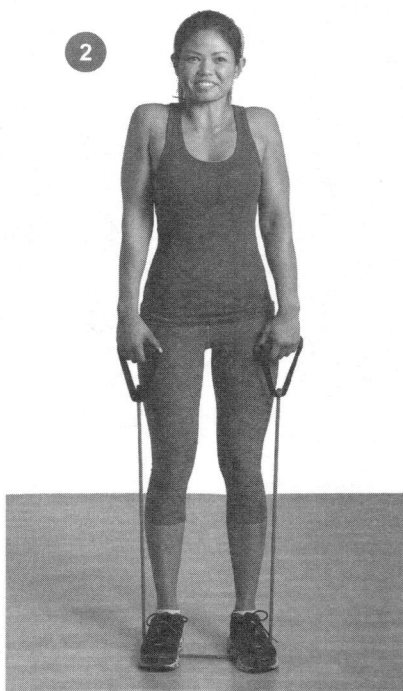

②

肱二头肌弯举

目标：肱二头肌

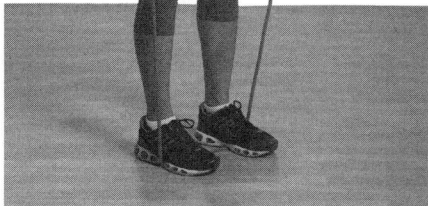

1 站在阻力带中间，两手分别握住阻力带两端，手心朝前。调整对阻力带的抓握，直到获得足够的阻力。

2 保持肘部贴紧肋骨，手心朝向肩部方向，慢慢屈肘。

慢慢降低手臂。

目标：肱二头肌、前臂

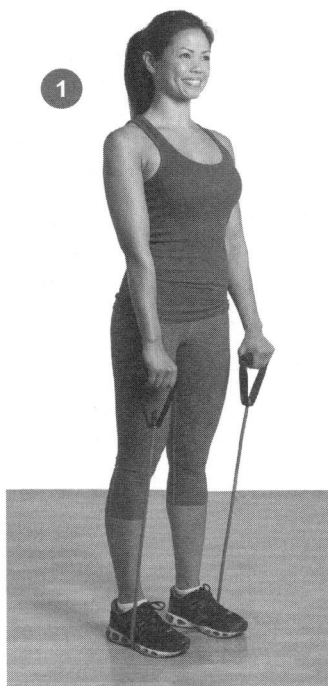

1 站在阻力带中间，两手分别握住阻力带两端，手心朝向身体。调整对阻力带的抓握，直到获得想要的阻力。

2 保持肘部贴紧肋骨，指关节朝向肩部方向，慢慢屈肘。

慢慢放下手臂。

变化为单侧手臂
这个训练也可以一次只练习一侧手臂。

这个训练可以坐在椅子上，也可以站立位进行。为了减小手腕上的压力，让阻力带穿过你的无名指和中指之间。

1 左手抓住阻力带一端，左脚踩在能够提供足够阻力的位置固定住阻力带。向前伸直手臂，手心朝上。

2 手心朝着身体方向慢慢卷起（屈曲）。停住。

慢慢回到起始位置并重复，接着换一侧。

3 向前伸直手臂，手心朝下。

4 向身体的方向抬起手背。

慢慢回到起始位置并重复，接着换另一侧手臂练习。

变化为坐位
左手握阻力带，左前臂放在左侧大腿上，手心朝上或朝下。在屈曲和放松腕关节时，你的前臂应该始终放在大腿上。

1 以恰当的姿势坐好或站好，伸直手臂握住阻力带一端。

2～3 慢慢向上转动手腕，抓住一段阻力带，然后转动你的手腕，并抓住阻力带的更多部分。持续转动你的手，直到阻力带全部在你的手中。一旦阻力带全部在手里，紧紧地挤压它十次。

重复，接着换另一侧手臂练习。

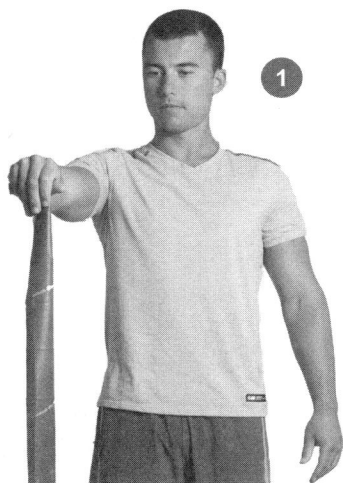

1 以恰当的姿势坐好或站好，伸直手臂并握住阻力带的一端。

2～3 快速抓住阻力带，把它拉进手心里，同时挤压阻力带。

一直持续到整个阻力带在你的手中。一旦阻力带全部在手里，紧紧地挤压它十次。

重复，接着换另一侧手臂练习。

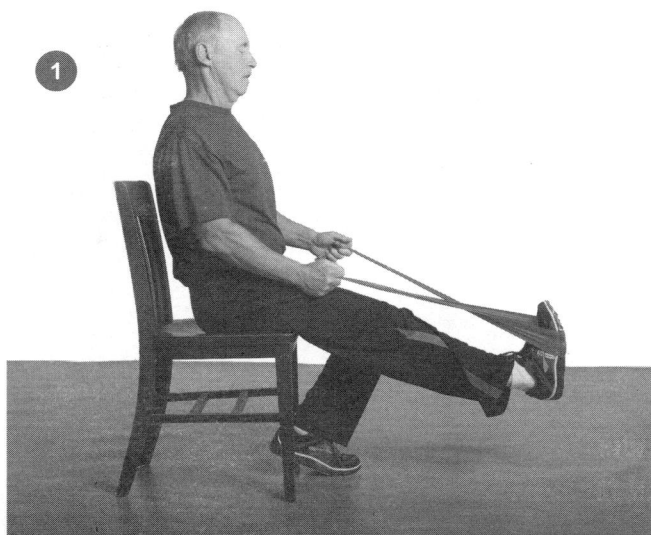

1 以恰当的姿势坐直。一只脚放在地面上，另一条腿向前伸直。用阻力带绕过脚掌，并且保持它的位置。

2 慢慢绷脚，保持阻力带的张力。

回到脚的中立位，重复，接着换另一侧进行练习。

1

1 以恰当的姿势坐在椅子中间，一只脚放在地板上，另一条腿向前伸直。把阻力带绕在伸直的那条腿的脚掌上，并保持它的位置。慢慢把你的膝关节向着胸部的方向收回。

2 伸直你的腿，确保不要锁住你的膝关节。

回到起始位置，重复，接着换另一侧进行练习。

2

蹲坐

目标：股四头肌

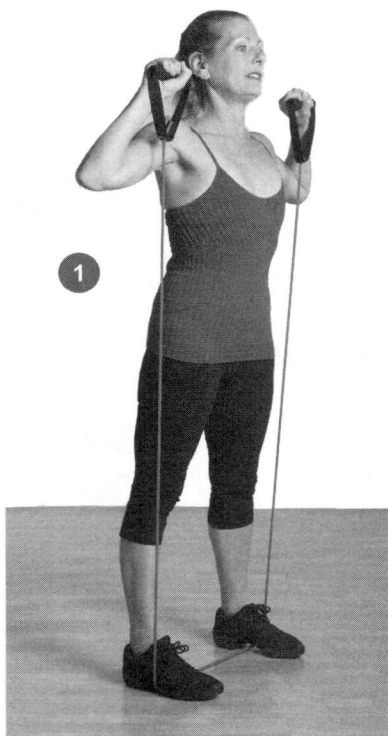

1 站在阻力带中间。调整双手对阻力带的抓握，直到获得想要的阻力。

2 保持后背在中立位，半蹲，根据需要调整阻力。不要让你的膝关节超过你的脚趾，停住。

慢慢回到起始位置。

1 两脚在阻力带中间，站直。调整双手对阻力带的抓握，直到获得想要的阻力。

2～3 下蹲四分之一或者半蹲，接着向右走几步。不要让膝盖超过脚趾。

再向左边走几步。继续向左右移动。

变化
你可以把环状阻力带绕在大腿中部或者在大腿周围绑一根阻力带。

1 左脚站在阻力带中间，调整双手对阻力带的抓握，直到获得想要的阻力。

2 如果可能的话，试着把你的右膝降低到地板上，或者在舒适范围内尽可能低。当你直立时，你应该感到左腿的阻力增加。

重复，接着换另一侧进行练习。

注意：如果你有髋关节或者膝关节方面的问题，小心进行。

1 你可以把环状阻力带绕在大腿中部或者在两侧大腿周围绑一根阻力带。

2 向右走4步——不要大跨步——接着向左走4步。

继续向左右移动。

变化
也可以站在阻力带上完成这个练习。

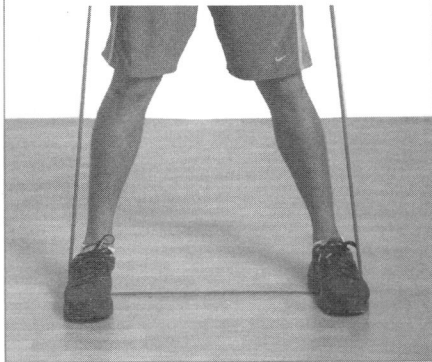

后屈腿

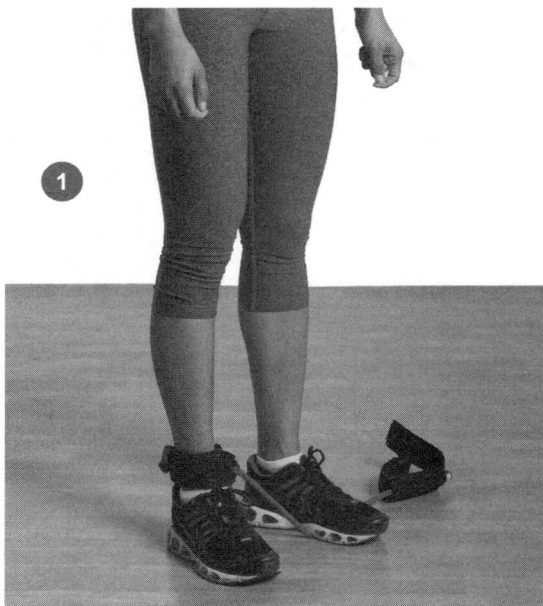

如果平衡是一个问题，你可能想要站在一个安全的地方来得到协助。

注意：小心腘绳肌抽筋。

1 把拉力绳放在一侧足底，并把另一端绕在另一侧踝关节上，或者把阻力带的一端系在脚踝上，使阻力带能够在全范围活动中提供阻力。

2 保持脊柱的中立位置，踝关节缠绕着阻力带的一侧腿慢慢地后屈，直至踝关节与膝关节同高。在上下和前后方向上都要控制运动——不要让阻力带来决定速度。保持1～2秒。

慢慢降低腿回到起始位置，重复，接着换另一侧。

腿部外展

如果你有平衡问题，抓住一些东西来保持稳定。

注意：如果你有髋关节方面的问题，不要做这个训练。

1 两侧踝关节都绑住阻力带，或者左脚踩在阻力带上，把另一端绕在右侧踝关节上。调整阻力带，使它在全范围的活动中都能提供阻力。

2 向外侧慢慢移动右腿到一个舒适的距离。

慢慢降低腿部到起始位置，重复，接着换另一侧进行练习。

变化

把阻力带绕在大腿上，然后慢慢分开膝关节。

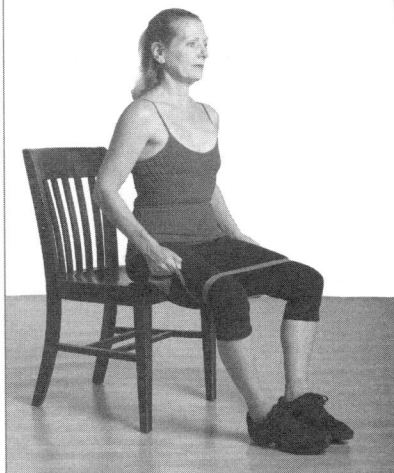

如果你有平衡问题，抓住一些东西来保持稳定。

1 使用带脚踝带的阻力带或将不带脚踝带的阻力带缠绕在双脚脚踝上，也可以采用一侧脚踝在阻力带上，另一侧脚踝上缠绕阻力带的方式。调整阻力带，使它在脚的全范围的活动中都能提供阻力。

2 保持腿部伸直，慢慢向后伸展脚踝缠绕阻力带一侧的腿来激活臀部肌肉。保持1～2秒。

慢慢回到起始位置，重复，接着换另一侧。

椅上仰卧起坐

目标：腹肌

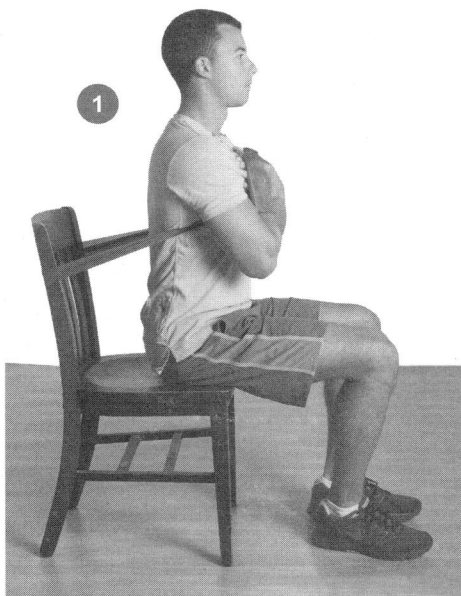

注意，在地板上进行的核心训练比这个训练高阶。这个训练是为那些不能进行那种高价核心训练的人设计的。

1 以恰当的姿势坐在椅子上，并把阻力带放在椅子的上半部分后面。两手在肩关节附近分别握住阻力带一端。调整你对阻力带的抓握，直到获得所需的阻力。

2 慢慢向前弯曲你的躯干，停住。

慢慢回到起始位置。

用一根长的阻力带进行这个训练。

1 把阻力带放在尾骨下面，并让它经过你的脊柱和头部，同时仰卧，膝关节弯曲，双脚平放在地板上。双手放在脑后，抓住阻力带。

2 把下巴向胸前折起，就像做传统的半仰卧起坐，同时腰部压在地板上。半抬起上身。保持。

慢慢回到起始位置。

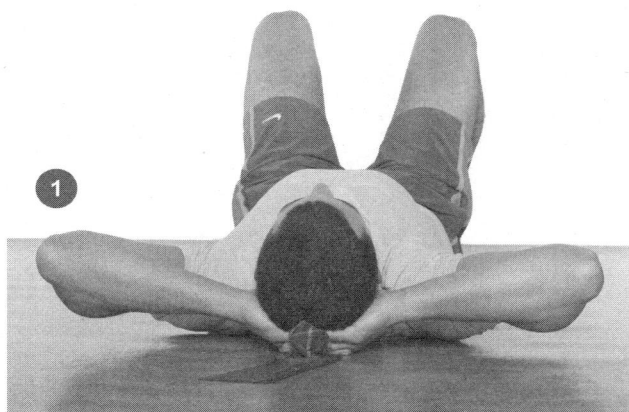

1 两脚前后分开较宽的距离站立，左脚踩在阻力带上。双手紧紧握住阻力带，靠近臀部高度，以获得理想的阻力。

2 将你的躯干斜向右上方旋转，向上伸展手臂。

慢慢回到起始位置，重复，接着换另一侧。

注意：如果你有脊柱关节炎，训练时要小心。

1 双脚与肩同宽站立，把阻力带放在右脚下方。右手在髋部附近抓住阻力带。

2 把你的身体向左倾斜。

慢慢回到起始位置，重复，接着换另一侧。

注意：如果你有脊柱关节炎，要小心。

1 双脚与肩同宽站立，两手握住阻力带。两手举过头顶并向两侧拉阻力带，两手打开略宽于肩。你应该感到阻力带有一些张力。

2 保持阻力带的张力，身体向左倾斜。

3 回到起始位置，然后向右倾斜。

1 仰卧。把阻力带放在髋关节上方，双手握住阻力带两侧末端，固定阻力带。

2 慢慢地将你的臀部提升到一个舒适的高度。激活臀部肌肉。动作应缓慢而克制。保持1～2秒。

慢慢回到起始位置。

1 把阻力带绕过上背部，把手掌放在肩部下方的地板上，腿在身后伸直。两手分别固定阻力带两端并伸直手臂。从你的头到脚跟应该是一条直线。调整阻力带，在下降的姿势中保持舒适。

2 保持脊柱伸直，慢慢向地板降低你的胸部。

伸直手臂回到起始位置。

① ②

变化
这个训练也可用膝撑完成。

1 把阻力带固定在一个肚脐高度的稳定物体（如门把手）上。用你身体的左侧对着连接点，左手握住阻力带，拇指朝上。你的左手掌心应该朝向你的身体，你的左肘部应该弯曲90°放在你的肋骨旁边。调整你与物体的距离直到你获得想要的阻力。

2 保持肩部在后面，躯干用力，左手缓慢小心地移动去遮住肚脐。

慢慢地、小心地回到起始位置，重复，接着换一侧进行练习。

肩袖－外旋

目标：肩袖

在这个训练中，强阻力并不重要。

1 把阻力带固定在一个肚脐高度的稳定物体（如门把手）上。用你身体的左侧对着连接点，右手握住阻力带。为了更好地抓握，在阻力带上打一个小结，接着把阻力带放在无名指和中指之间，拇指朝上。你的右手掌心应该朝向你的身体，你的右肘部应该弯曲90°放在你的肋骨旁边。调整你与物体的距离，直到你得到想要的阻力。

2 保持肩部在后面，躯干用力，右手缓慢小心地向外移动（小心不要移动太远）。

慢慢地、小心地回到起始位置，重复，接着换一侧进行练习。

1 把阻力带固定在门的底部或者其他稳固的物体上。面向门坐在地板上，然后伸直双腿。调整双手对阻力带的抓握，直到获得想要的阻力。躯干保持在90度左右。

2 向胸部屈肘拉阻力带。

慢慢地让手臂回到起始位置。

1 把阻力带牢固地固定在门的上部或者高的物体上，两手握住阻力带末端。后退，直到阻力带提供你想要的阻力。你可以选择坐在地板或椅子上，背部挺直，手臂向上倾斜。

2 肘部靠近肋骨，慢慢地把阻力带拉向你的胸部。保持1～2秒。

慢慢让手臂回到起始位置。

变化
这个训练也可以以跪位做。

1 用阻力带将带子固定在门上。后背朝向门，手臂在身体两侧伸直，两手握住阻力带末端，手心相对。

2 保持手臂伸直，手臂在胸前合拢，手心相对。

慢慢回到起始位置。

腿部外展　　　　　　　　　　　　　　　　　　　　　目标：大腿外侧

如果你有平衡方面的问题，扶住某个物体来保持稳定。

注意：如果你有髋部方面的问题，不要进行这个训练。

1 把阻力带牢固地固定在门的底部或者类似的稳固物体上。把阻力带绑在你的右脚踝上，接着向远离门的方向走几步，使左侧面对门。

2 慢慢把右腿向外移动一个舒适的距离。

重复，接着换另一侧进行练习。

如果你有平衡方面的问题，扶住某个物体来保持稳定。

注意：如果你有髋部方面的问题，避免这个训练。

1 把阻力带牢固地固定在门的底部或者类似的稳固物体上。把阻力带绑在你的右脚踝上，接着向远离门的方向走几步，使右侧面对门。

2 右腿横过身体，在前方慢慢向左侧移动。

重复，接着换另一侧进行练习。

如果有平衡方面的问题，你可能需要站在一个稳固的地方附近以得到帮助。

注意：小心腘绳肌抽筋。

1 把阻力带牢固地固定在门的底部或者类似的稳固物体上。把阻力带绑在你的右脚踝上，接着向远离门的方向走几步，面对门。

2 保持脊柱中立位，慢慢向后屈起右腿。控制上下、前后方向的运动——不要让阻力带决定速度。保持1～2秒。

慢慢降低腿回到起始位。重复，接着换另一侧进行练习。

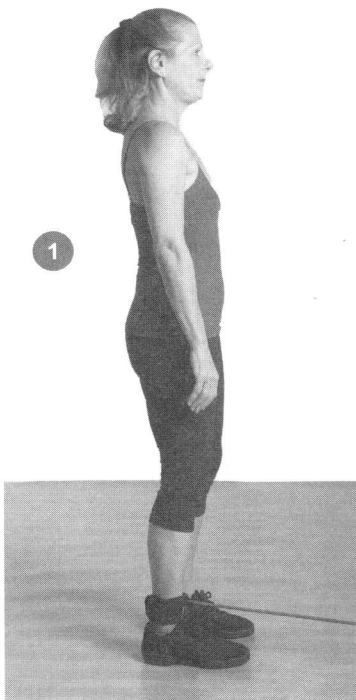

1 把阻力带固定在门上，接着面对门，把阻力带一端绑在右侧脚踝上。如果需要的话，可以扶住门以保持平衡。

2 保持右腿伸直，慢慢向后伸展腿部来激活臀部肌肉。保持1～2秒。

慢慢回到起始位置。重复，接着换另一侧进行练习。

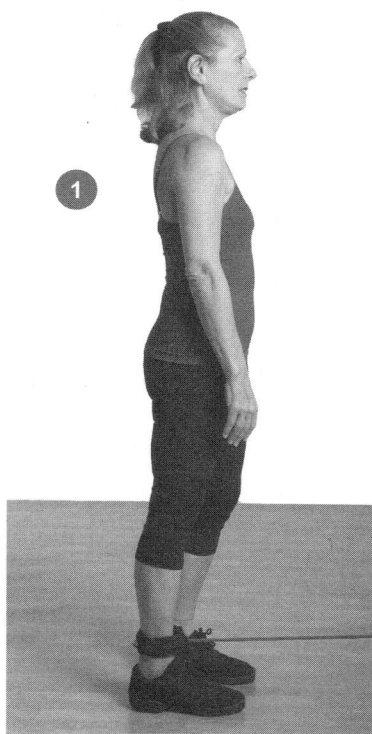

躯干旋转　　　　　　　　　　　　　　　　　　　　　　　**目标：旋转核心肌群**

1 用恰当的固定带把阻力带固定在门上，使阻力带在胸部高度。采用左侧对着门的站位，两手握住阻力带，向着远离门的方向移动，直到手臂完全伸直。两脚打开，与肩同宽。

2 慢慢向左侧扭转，保持1～2秒。

3 回到起始位置。

4 慢慢向右侧扭转，保持1～2秒。

球上胸前推

1 在球上坐好，把阻力带放在胸部高度、背部后面、手臂下面。两手分别在能够提供理想阻力的位置握住阻力带。

2 把阻力带向前推。

慢慢回到起始位置。

球上卧推

这个训练是极端不好做的，除非你已经有了在瑜伽球上训练的经验，否则不应该进行这个训练。

1 在球上坐好，把阻力带放在胸部高度、背部后面、手臂下面。两手分别在能够提供理想阻力的位置握住阻力带。向前走，把臀部向球下滑，直到背中部靠在球上。

2 把阻力带推向天花板，直到手臂完全伸直。

控制阻力带慢慢下降。

①

这个训练是极端不好做的，除非你已经有了在瑜伽球上训练的经验，否则不应该进行这个训练。

1 在球上坐好，把阻力带放在胸部高度、背部后面、手臂下面。两手分别在能够提供理想阻力的位置握住阻力带。

2 慢慢向两侧打开手臂，使它们与肩部同高。

让手臂慢慢回到起始位置。

②

球上仰卧飞鸟

这个训练是极端不好做的，除非你已经有了在瑜伽球上训练的经验，否则不应该进行这个训练。

1 在球上坐好，把阻力带放在胸部高度、背部后面、手臂下面。调整双手对阻力带的抓握，直到获得想要的阻力。向前走，把臀部向球下滑，直到背中部靠在球上。慢慢向着地板伸展、降低手臂，停在平行于地板的位置。

2 双臂向天花板方向移动，过程中保持双臂伸直，动作缓慢克制，直至双臂平行且完全与天花板垂直。

慢慢降低手臂回到起始位置。

用哑铃和阻力带的胸前推举

目标：胸部

1 仰卧，两脚平放在地板上。两手分别握住一个哑铃，阻力带在腋窝下方绕过后背，末端绕在哑铃把手上。手放在胸部，手心相对。

2 向天花板推举哑铃，直到手臂完全伸直。

控制重物慢慢下降回到起始位置。

用哑铃和阻力带的胸部飞鸟

1 仰卧，两脚平放在地板上。两手分别握住一个哑铃，阻力带在腋窝下方绕过后背，末端绕在哑铃把手上。手心相对，把哑铃推举向天花板。

2 保持手臂略微弯曲，向两侧降低手臂。

慢慢回到起始位置。

这个训练可以用一侧手臂完成，也可以用两侧手臂完成。

1 站在阻力带中间。两手分别握住，阻力带两端分别绕在哑铃把手上。手臂应该放在身体两侧，手心朝向身体。

2 保持手臂伸直，慢慢向两侧抬高手臂，不要高于肩部高度。

慢慢回到起始位置。

用哑铃和阻力带的前平举

这个训练可以用一侧手臂完成，也可以用两侧手臂完成。

1 站在阻力带中间。两手分别握住阻力带，阻力带两端分别绕在哑铃把手上。手臂应该放在身体前侧，手心朝向大腿。

2 保持手臂伸直，慢慢向前抬起手臂，不要高于肩部高度。

慢慢回到起始位置。

用哑铃和阻力带的肱二头肌弯举

这个训练可以用一侧手臂完成，也可以用两侧手臂完成。

1 以恰当的姿势站好，两脚打开，与肩同宽。手中握住一个哑铃，阻力带末端绕在哑铃把手上。手臂放在身体旁边。

2 保持肘部靠在躯干旁边，慢慢向着肩部屈起手臂。

慢慢回到起始位置。不要让阻力带决定下降的速度。

风车式

目标：肩部

1 以恰当的姿势站好，手臂放在身体两侧，手心朝前。通过鼻子深吸气，慢慢地将手臂向两边抬高，以达到舒适的高度。试着拇指相碰。

2 呼气，慢慢降低手臂。

根据需要进行重复。

> **变化**
> 这个训练也可以一次练习一侧手臂。

肘关节互碰

目标：胸部、肩部肌肉

1 以恰当的姿势站好。把手放在肩上，肘关节指向前方。慢慢把肘关节移向前方，合在一起。

2 让肘关节向后并把肩胛骨挤压在一起。保持一会儿，注意打开胸部。

肘关节回到起始位置，按照需要重复。

103

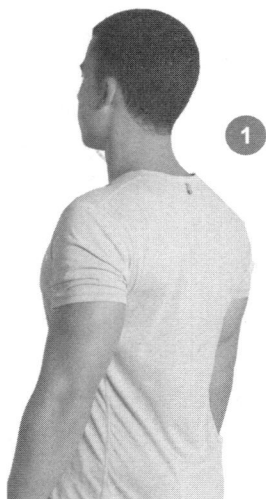

1 以恰当的姿势站好。通过鼻子深吸气，慢慢抬高肩部。

2 现在把肩部向后拉，把肩胛骨挤在一起并向下运动。

3 通过嘴唇呼气，降低肩部回到起始位置。

根据需要重复。

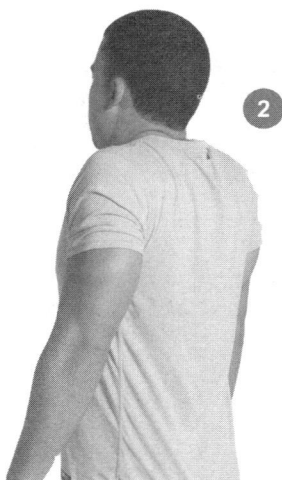

贴颈

目标：肩部、肩袖

1 以恰当的姿势站好。把右手放在左肩上。

2 把左手放在右肘上，慢慢朝着喉咙推着右肘。在舒适的时间内保持住。

换另一侧并重复。

变化

在步骤2中，用左手按住右肘。在舒适的时间内保持住，记得呼吸。接着放松后让右手向后够到更远一点的地方。

仰卧膝碰胸

目标：下背部、臀大肌

仰卧，两腿平放在地板上。把右膝移向胸部，在右侧大腿下方双手交握。在舒适的前提下保持这个姿势一段时间，感受臀部区域的拉伸。

放松膝关节，换另一侧腿重复练习。

坐位体前屈

1 以恰当的姿势坐在地板上，两腿向前伸直。把一根阻力带绕在脚掌上，带子两端分别绕在手上。通过鼻子深吸气。

2 用嘴呼气，身体轻轻向前倾，通过胸部向前而不是弓背。保持这个姿势一段时间。

回到起始位置，然后重复练习。

小腿后侧拉伸

站在一张椅子后面，双手放在椅背上。保持脚跟着地，尽量把右腿向后拉。弯曲你的左膝，直到在小腿区域感受到你想要的拉伸。在舒适的前提下保持这个拉伸姿势一段时间。

换另一侧，然后重复练习。

踩油门式   目标：脚踝

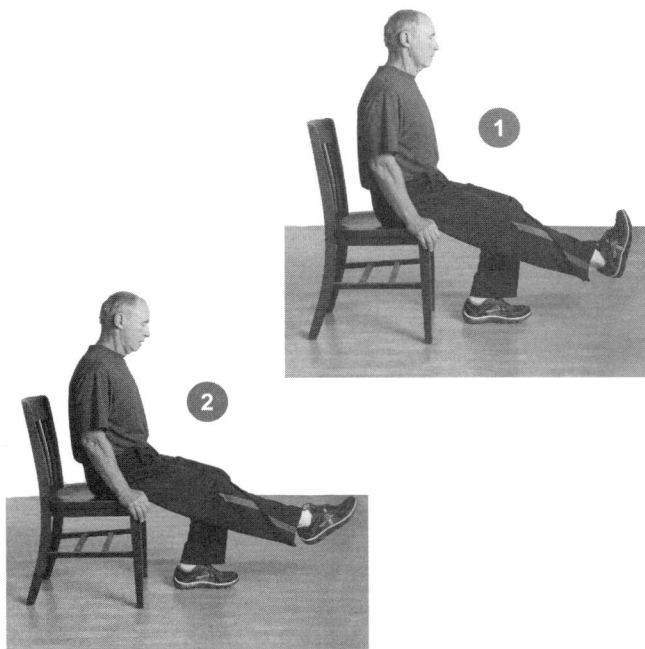

注意：在两个方向都不要强迫你的脚趾。注意你的小腿在伸展脚趾时可能抽筋。小心别把椅子弄翻。

1 坐在一把稳定的椅子的边缘。在身前伸直右腿并抬离地面。勾起脚尖，保持几秒钟。

2 压脚尖，再保持几秒钟。

重复让你感觉舒适的次数，然后换另一侧。

扭转式   目标：躯干

注意：如果你有下背部方面的问题要小心。

1 用一个恰当的姿势站好。双臂交叉于胸前，慢慢地用鼻子吸气。用嘴呼气，慢慢向左侧扭转。在一个舒适的时间内保持这个姿势并感受躯干的拉伸。

2 在呼气转向右侧前，先吸气回到起始位置。在舒适的前提下保持这个姿势一段时间，并感受躯干的拉伸。

注意：如果有下背部疼痛要小心。

1 用一个恰当的姿势站好。把右手臂举过头顶到一个舒适的高度。用鼻子深吸气。

2 用嘴呼气，缓慢小心地向左倾斜。一旦能够感受身体右侧的轻柔拉伸，在舒适的前提下保持这个姿势一段时间。

3 换另一侧并重复。

变化

如果肩部僵硬，把手放在头顶上。如果举起手臂很痛，就把手臂放在身体旁边。

摇滚式   目标：下背部、躯干

1～2 躺在一张垫子上，把膝关节移向胸部。轻轻地抱住双腿并让肩部抬离垫子。用鼻子深吸气，用嘴呼气，同时慢慢向左右滚动，让你一侧躯干和肩部抬离垫子。享受放松的感觉。

头部侧屈   目标：颈部

1 以恰当的姿势站好。用鼻子缓慢吸气，同时慢慢把头部朝左肩侧屈。保持沉肩放松。用嘴呼气并保持一会儿这个姿势，感受拉伸感。

2 现在用鼻子慢慢吸气，并且慢慢把头部朝右肩侧屈。用嘴慢慢呼气，并保持一会儿这个姿势，感受拉伸感。

根据需要重复。

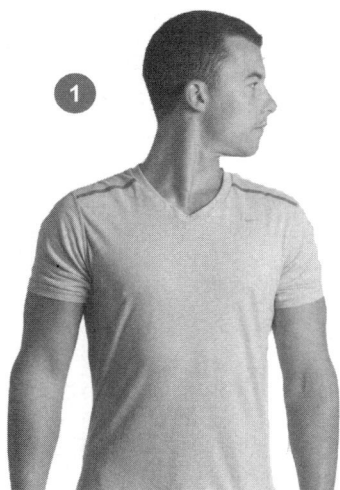

1 以恰当的姿势站好。用鼻子慢慢吸气，尽可能远地看向左边，以感到舒服为宜。用嘴慢慢呼气并保持一会儿这个动作，感受拉伸感。

2 用鼻子慢慢吸气，然后慢慢看向右边。用嘴慢慢呼气，并保持一会儿这个动作，感受拉伸感。

根据需要重复。

致谢

感谢彼得·派普（Peter Pipe）使用PVC管改造一个手柄。特别感谢莉莉·舒（Lily Chou）分享她的见解和知识，这极大地丰富了这本书的成果。也要感谢Ulysses Press的员工们，是他们的支持使这本书的出版社成为可能。

此外，非常感谢模特们：克里斯·克诺夫（Chris Knopf）、玛丽·吉纳（Mary Gines）和托尼·希尔弗（Toni Silver）。我对拉普蒂（Rapt）制作的技术摄影团队也非常感激。最后，特别感谢我的儿子克里斯·克诺夫（Chris Knopf）对这本书的帮助，同时感谢他的母亲玛格丽特（Margaret），在我们本来应该做更多有趣的事情时，她给了我完成这个项目的安静时间。

作者简介

卡尔·克诺夫（Karl Knopf），十本书的作者，包括《50岁之后的核心训练》（*Core Strength for 50+*）、《50岁之后的壶铃训练》（*Kettlebells for 50+*）、《50岁之后的力量训练》（*Stretching for 50+*）、《泡沫轴训练指南》（*Foam Roller Workbook*）、《臀部健康训练手册》（*Healthy Hips Handbook*）、《肩部损伤预防与康复训练》（*Healthy Shoulder Handbook*）和《打造自己的健身房》（*Make the Pool Your Gym*）等。近40年来，他一直致力于残疾人和老年人的健康提升工作。他是美国许多健康研究院的顾问，还曾担任PBS电视台"坐着也能健康"系列节目以及加利福尼亚州关于残疾人健康工作开展的顾问。他经常参加学术会议，已经写了很多教科书和文章。

他还是加利福尼亚州洛斯阿尔托斯山的山麓学院健康理疗师项目的协调员，以及美国国际体育科学协会（ISSA）高级健身主管。